JONATHAN CARLSTEDT

Die kleine Schachschule

Regeln, Strategien und Spielzüge verständlich erklärt

Perfekt für Anfänger!

humboldt

INHALT

VORWORT

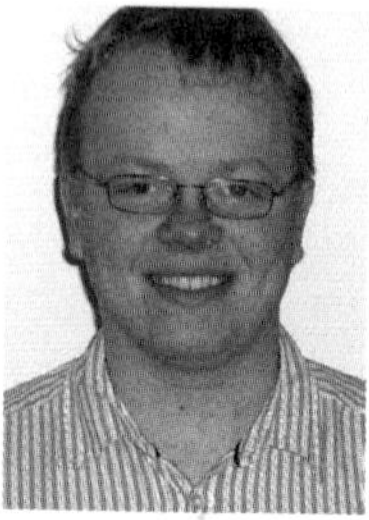

Liebe Leserin, lieber Leser,
es freut mich sehr, dass Sie dieses Buch in Händen halten! Damit haben Sie einen ersten kleinen Schritt in die wunderbare Welt des Schach gemacht.

Schach, das königliche Spiel, begeistert heute viele Menschen jeden Alters. Schachspielen fördert nachweislich die Konzentration und ein geordnetes Nachdenken: Studien belegen, dass Kinder und Jugendliche durch Schach besser lernen. Vor allem aber macht es großen Spaß, Schach zu spielen, sich mit anderen zu messen, sich dabei selber zu verbessern. Schach ist für alle Altersgruppen geeignet, und ich freue mich immer wieder, wenn in meinen Kursen Großeltern gegen ihre Enkelkinder spielen.

Dies ist schon mein fünftes Buch, mein drittes Buch für humboldt. Bücher schreiben macht Spaß. Es ist zwar anstrengend, der Abgabetermin für das Manuskript drängt und man steht unter dem Druck, seine Sache so gut wie möglich zu machen. Wenn man am Ende aber das fertige Buch in Händen hält, dann ist das immer ein schönes Gefühl.

Meine Hoffnung ist, dass viele Menschen mein Buch lesen und sich für Schach begeistern lassen. Denn Schach ist ein hervorragendes Hobby, das bis ins hohe Alter betrieben werden kann. Schach ist kein Sport für eine kleine Gruppe introvertierter Freaks, sondern eine intellektuelle Herausforderung, der sich immer mehr Menschen mit Freude stellen – auch, indem sie sich Bücher wie dieses kaufen. Schach zu lernen ist nicht schwierig, probieren Sie es einfach einmal aus!

Ein mir sehr wichtiger Dank geht an den humboldt Verlag, insbesondere an meinen Lektor Eckhard Schwettmann, der mit mir zusammen nun schon das dritte Buch im dritten Jahr macht, aber natürlich auch an alle Kolleginnen und Kollegen im Verlag, ohne die dieses Buch nicht möglich wäre.

Jetzt wünsche ich Ihnen viel Spaß mit dem Schachspiel!

Jonathan Carlstedt
Hamburg, im August 2014

1 DIE GRUNDLAGEN DES SCHACH

Das Schachbrett

In Zeiten von Einrichtungssendungen, Shopping-Kanälen und Makler-TV ist der Begriff „Schachbrettmuster" jedem bekannt. Damit ist im Allgemeinen ein kariertes Muster abwechselnd Schwarz und Weiß bzw. dunkel und hell gemeint. Insgesamt gibt es auf dem Schachbrett 64 Felder, die quadratisch angeordnet sind. 32 davon sind weiß und 32 schwarz, wobei es auch Bretter gibt, bei denen man eher braun und beige sagen würde. Möglicherweise einer der Gründe, warum man im Englischen „dark and light squares" sagt – also helle und dunkle Quadrate. Das sieht dann so aus:

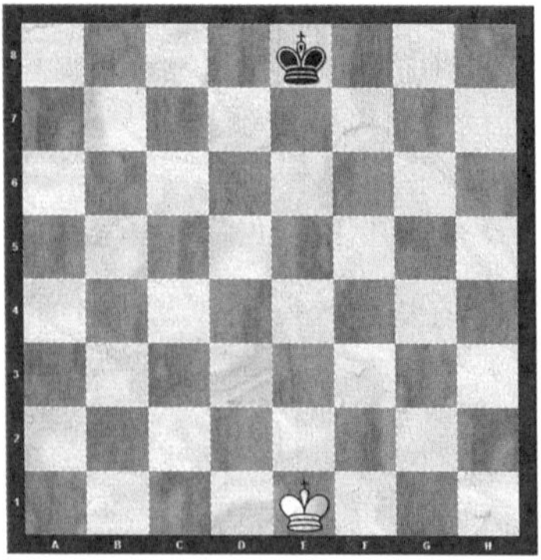

Diagramm 1

Nun wissen Sie, wie ein Schachbrett aussieht. Im Laufe der Lektüre werden Sie lernen, wie eine Partie startet, wo man zu Beginn seine Figuren hinstellt, wie viel diese wert sind, wie man am besten eine Partie anfängt und wie die „Profis" spielen. Bevor wir uns jedoch über Schach unterhalten können, müssen wir bezüglich des Schachbretts eine gemeinsame „Sprache" vereinbaren. Da wir 32 schwarze und 32 weiße Felder haben, brauchen wir eine Unterscheidungsmöglichkeit zwischen den einzelnen Feldern. Sie sehen am Rand des Brettes Zahlen und Buchstaben, die sogenannten Koordinaten des Schachbrettes. Links und rechts sollten die Zahlen stehen und oben und unten die Buchstaben, dann haben Sie das Schachbrett auf jeden Fall schon mal richtig aufgebaut.

Jedes Feld hat eine eigene Bezeichnung. Wenn man ein beliebiges Feld hat, dann kombiniert man einfach den Buchstaben, der auf der gleichen Linie steht, mit der Zahl auf der Reihe – so, wie in folgender Stellung:

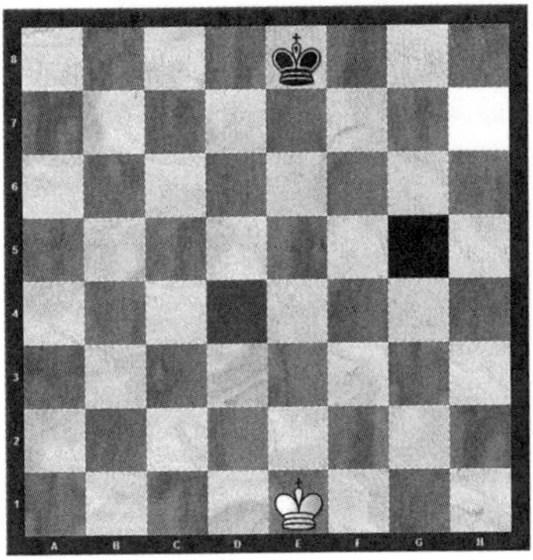

Diagramm 2

Reihen, Linien und Diagonale

Die Begriffe Reihe und Linie habe ich eben schon gebraucht, denn eigentlich ist relativ offensichtlich, was damit gemeint ist. Auf dem Schachbrett gibt es acht Linien und acht Reihen. Als Linie bezeichnet man acht Felder, die vom unteren zum oberen Rand des Schachbrettes reichen. Deshalb gibt es acht Linien, die a-Linie, die b-Linie bis hin zur h-Linie. Denn die Bezeichnung leitet sich vom Buchstaben ab, bei dem die Linie beginnt bzw. aufhört, siehe folgendes Diagramm:

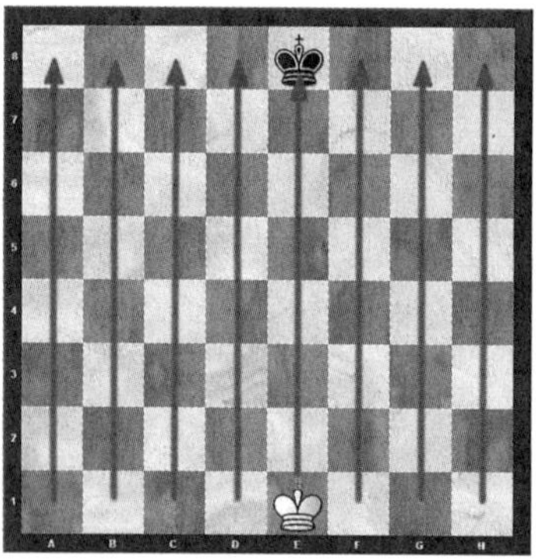

Diagramm 3

Mit der Reihe verhält es sich ähnlich, nur dass die Reihe nicht durch acht Felder von oben nach unten, sondern von links nach rechts definiert wird. Somit bekommen die Reihen die entsprechende Bezeichnung erste Reihe, zweite Reihe bis hin zur achten Reihe.

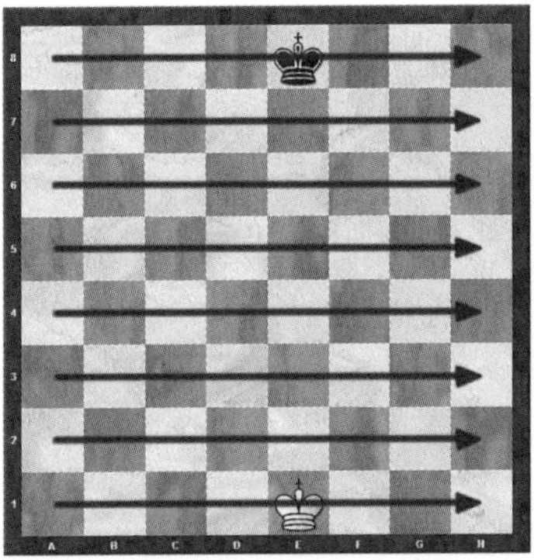

Diagramm 4

Bei den Diagonalen ist die Lage etwas anders. So ist diese Felderkombination durch Felder, die auf einer „Schräge" liegen, definiert.

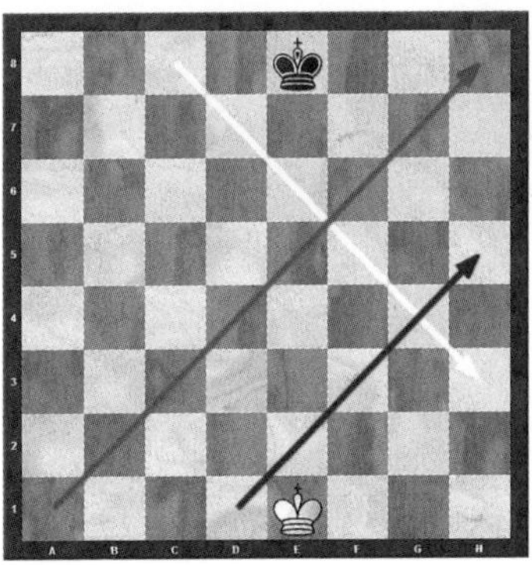

Diagramm 5

Davon gibt es natürlich mehr als acht und somit brauchen wir eine allgemeinere Definition der Bezeichnung. Hier haben es sich die Schachspieler einfach gemacht. So nimmt man einfach immer das Anfangs- und das Endfeld der Diagonale und nennt es dann beispielsweise a1/h8-Diagonale. Geschrieben findet man das seltener, im Gespräch zwischen Schachspielern ist es aber üblich – nach dem Motto: „Ich hatte Probleme auf der b1/h7-Diagonale, weil ich den Läufer getauscht habe.“ Auch wenn sich dieser Satz für Sie eventuell noch etwas verwirrend anhört, verstehen Sie jetzt zumindest schon einmal den ersten Teil.

Die Figuren und das Schachbrett

Nun kommen wir zu den einzelnen Figuren. Auf den nächsten Seiten werden wir lernen, wie die einzelnen Figuren ziehen und wo sie zu Beginn der Partie stehen. Beim Schach spielen zwei Spieler gegeneinander. Einer für die weißen, der andere die schwarzen Steine. Jede Seite hat:

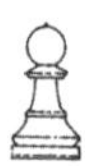
8 Bauern

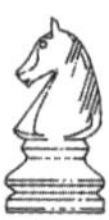
2 Springer

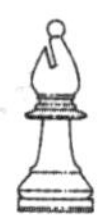
2 Läufer

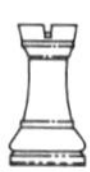
2 Türme

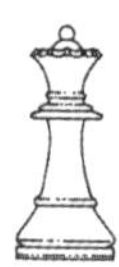
1 Dame

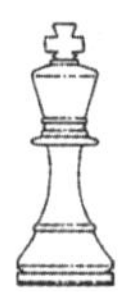
und natürlich die wichtigste Figur, den König.

Zu Beginn einer Schachpartie sieht das Brett dann wie folgt aus:

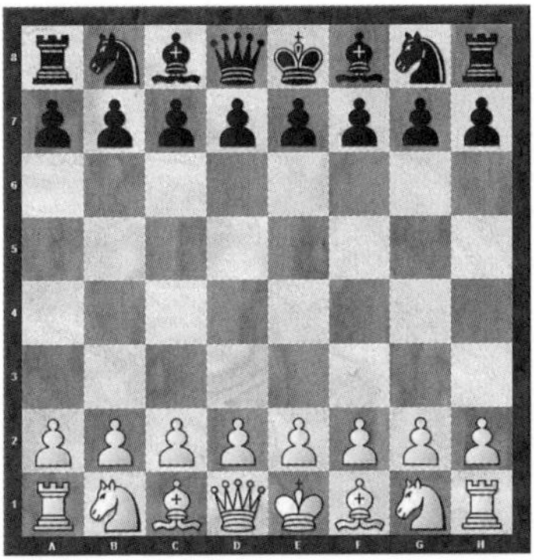

Diagramm 6

Sie sehen, dass die Figuren auf beiden Seiten gleich aufgebaut sind. Die weißen Bauern stehen auf der zweiten Reihe von h2 bis a2. Darauf hat man sich im Schach geeignet. Das gleiche gilt für die schwarzen Bauern, nur dass diese auf der siebten Reihe von h7 bis a7 stehen.

Nun gehen wir von außen nach innen die Figuren durch, die auf der achten Reihe stehen.

Auf h1 und a1 stehen die weißen Türme, das Gegenstück dazu sind die schwarzen Türme auf h8 und a8. Dann folgen die Springer auf g1 und b1 bzw. die g8 und b8. Weiter geht es mit den Läufern auf c1 und f1 sowie auf f8 und c8. Jetzt wird es noch einmal interessant, denn nun kommen König und Dame. Die Frage, wo man sie korrekterweise platziert, ist eine Frage, die bei Anfängern immer mal falsch beantwortet wird, obwohl es zwei einfache Merksätze gibt.

Merksatz Nr. 1: Weiße Dame – weißes Feld, schwarze Dame – schwarzes Feld.

Merksatz Nr. 2: Das d steht für Dame.

Damit ist klar, dass die weiße Dame nach d1 und der weiße König nach e1 gehören. Entsprechend dazu gehören die schwarze Dame zu Beginn einer Partie nach d8 und der schwarze König nach e8.

Auch wenn jetzt klar ist, wo die Figuren hingehören, bringt uns das erst etwas, wenn wir auch wissen, wie sie ziehen. Diesem Thema werden wir uns jetzt Stück für Stück nähern. Dazu ist es wichtig zu wissen, dass man *im Schach immer abwechselnd zieht.* Das bedeutet: Nachdem man einen Zug gemacht hat, ist erst einmal der Gegner dran.

Der König

Der König ist die wichtigste Figur beim Schach, denn geht sie verloren (wie genau das funktioniert erläutere ich im nächsten Kapitel), dann ist auch die Partie verloren. Grundsätzlich sollte man also immer bemüht sein, den König durch andere Figuren zu beschützen. Er selber kann nämlich nicht so schnell flüchten, er darf pro Zug nur *einen Schritt in alle Richtungen* gehen. Sozusagen einem dickbäuchigen alten König entsprechend, der sich eben nicht so schnell und vital bewegen kann wie andere Figuren.

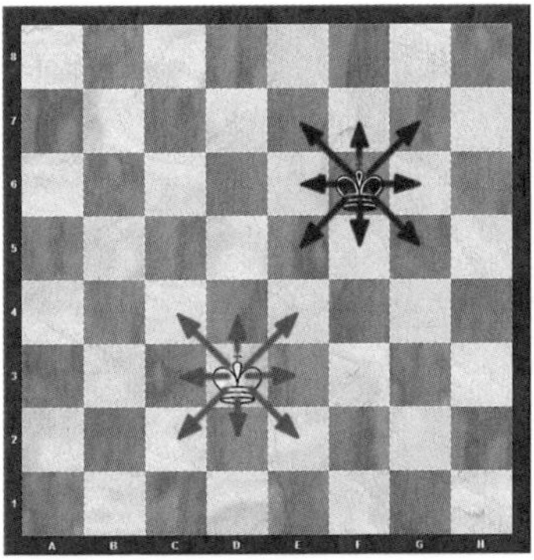

Diagramm 7

Mit den Pfeilen ist eingezeichnet, auf welche Felder der König gehen könnte, wenn der jeweilige Spieler am Zug wäre.

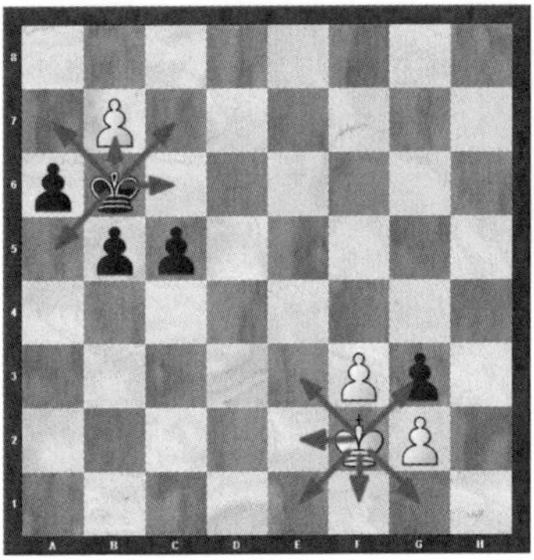

Diagramm 8

In dieser Stellung ist es schon etwas komplizierter, denn der König ist von eigenen und gegnerischen Figuren umgeben. Wichtig zu wissen ist, dass man *gegnerische Figuren schlagen darf, eigene nicht.*

Der Turm

Der Turm ist einer der wichtigsten Figuren auf dem Schachbrett. Sie kommen zwar meistens erst gegen Ende der zweiten und in der dritten Spielphase zum Tragen, das macht sie aber nicht weniger wertvoll. Die Eigenschaften des Turms sind relativ simpel. Zwar nicht so simpel wie die des Königs, aber auch nicht sonderlich kompliziert. Denn er darf auf dem Schachbrett geradeaus und zur Seite ziehen soweit er will. Allerdings geht das nur so weit, bis er vor einem eigenen Bauern steht, eine gegnerische Figur schlägt oder an einen Brettrand stößt.

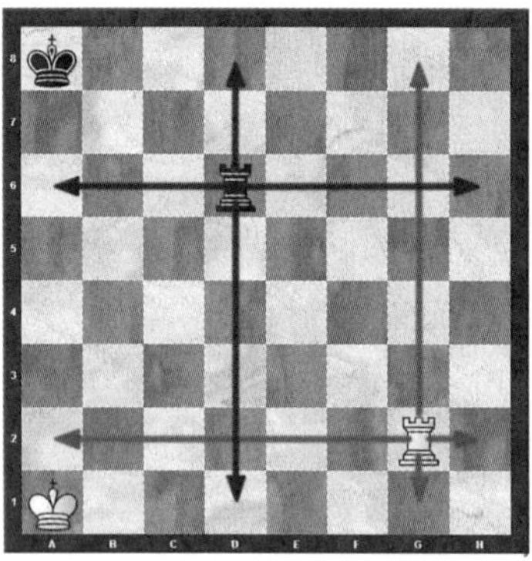

Diagramm 9

Um zu demonstrieren was ich damit meine, folgt ein Diagramm, bei dem man erkennen kann, welche Möglichkeiten ein Turm dann hat, wenn auch andere Figuren eine Rolle spielen. Natürlich darf der Turm „anhalten“ wo er will. Er muss also nicht bis zum Brettrand ziehen.

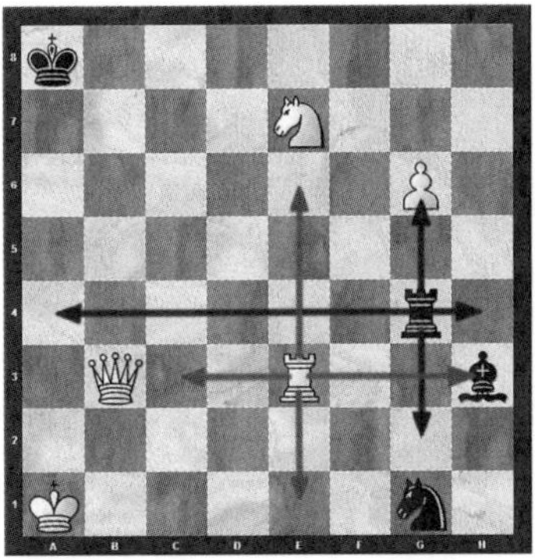

Diagramm 10

Der Läufer

Nun kommen wir zum Läufer. Auch wenn er nicht so wertvoll wie der Turm ist, gibt es doch gewisse Ähnlichkeiten. So funktioniert der Läufer fast wie der Turm, nur, dass er eben nicht geradeaus gehen darf, sondern diagonal – oder, wie man es im Training besser formuliert, „schräg“. Das

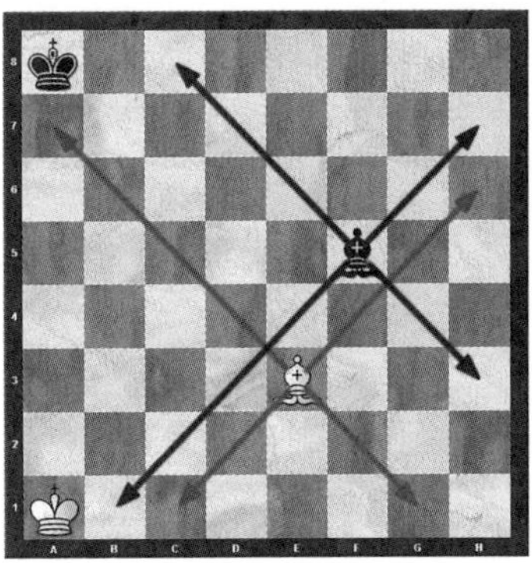

Diagramm 11

bedeutet, ein Läufer der auf einem schwarzen Feld startet, wird die ganze Partie auch nur auf den schwarzen Feldern ziehen.

Ähnlich wie beim Turm hier wieder ein Beispiel, was passiert, wenn auch eigene und gegnerische Figuren ins Spiel kommen:

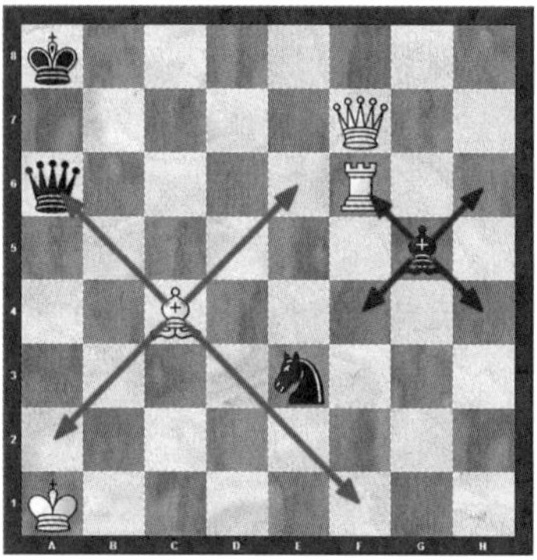

Diagramm 12

Die Dame

Sie ist, wenn auch nicht die wichtigste, doch die stärkste Figur auf dem Schachbrett. Die wichtigste Figur ist der König, geht dieser verloren, dann haben wir die Partie verloren. Die Dame ist die stärkste Figur, weil sie die größte Reichweite hat. Sie verbindet die Fähigkeiten des Turms und des Läufers. Von ihrem Ausgangsfeld darf sie gerade und schräg, soweit sie möchte. Wie bei den anderen Figuren, gelten dabei natürlich auch die Beschränkungen, die durch andere Figuren bzw. die Brettränder gesetzt werden. Neben dem König ist die Dame die einzige Figur, die jede Seite nur einmal zur Verfügung hat.

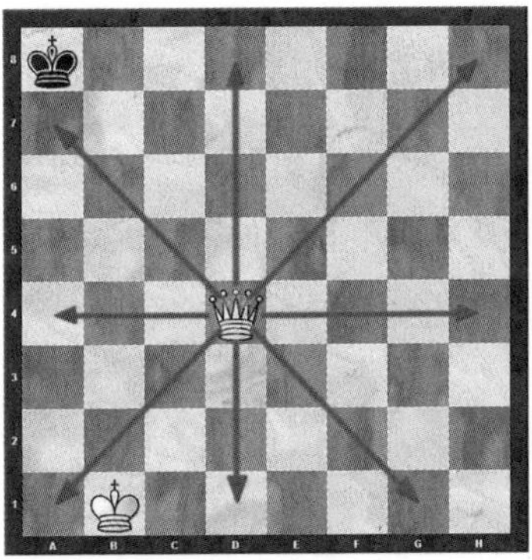

Diagramm 13

In dieser Stellung steht die Dame mitten auf dem Brett und es sind alle Felder markiert, auf die sie ziehen dürfte. Damit ist klar, warum die Dame als die stärkste Figur auf dem Schachbrett gilt. Denn sie kann deutlich mehr Felder in einem Zug erreichen, als jede andere Figur.

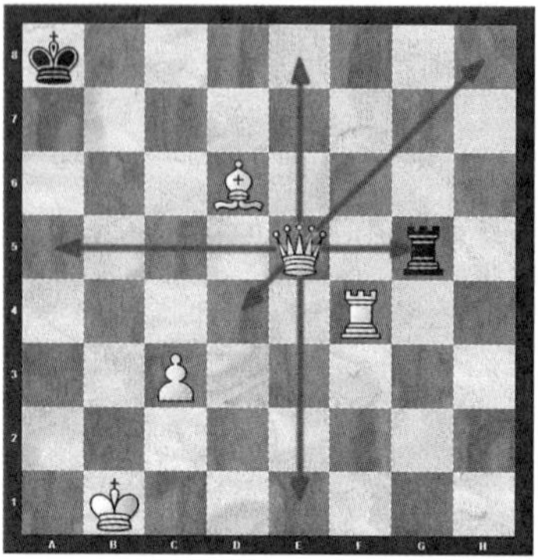

Diagramm 14

Wieder eine Stellung mit der besprochenen Figur und einigen weiteren Steinen auf dem Brett. Man sieht jetzt, dass es auch Stellungen gibt, in denen die Möglichkeiten der Dame begrenzt sind.

Der Bauer

Jetzt wird es schon etwas komplizierter. Denn Bauern haben einige besondere Eigenschaften, z. B. schlagen sie nicht so, wie sie ziehen!

Sie sehen (Diagramm 15) die Anfangsstellung einer Schachpartie. Die Bauern dürfen eigentlich immer nur einen Schritt geradeaus ziehen, nicht nach hinten oder zur Seite, sondern nur nach vorne. Es gibt aber eine Sonderregelung. Wenn ein Bauer noch auf seiner Startposition steht, dann darf er, wie sonst auch, einen nach vorne, aber auch, je nach Bedarf, zwei Felder nach vorne ziehen. Dieses Recht gilt, wie gesagt, nur, wenn der jeweilige Bauer zuvor noch nicht gezogen hat.

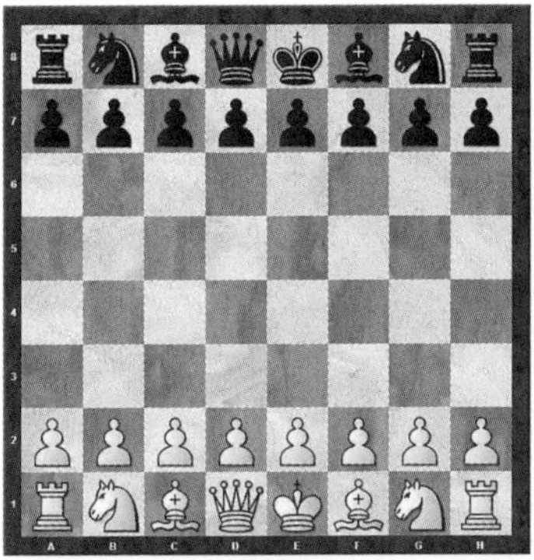

Diagramm 15
Grundaufstellung

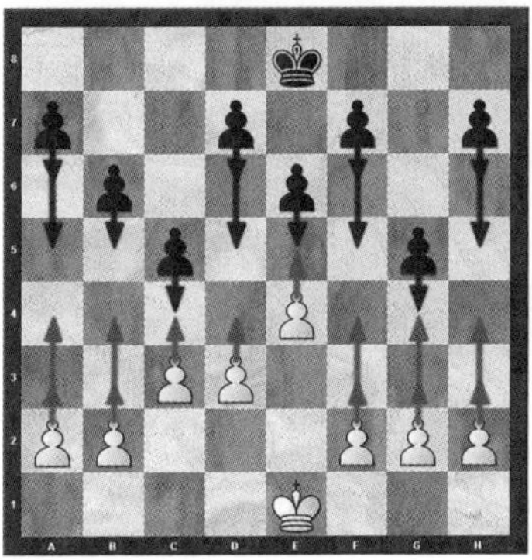

Diagramm 16

Jetzt kommt die nächste Sonderregel für die Bauern. Denn sie ziehen zwar geradeaus nach vorne, schlagen aber schräg nach vorne! Das bedeutet, wenn das Feld, auf das der Bauer im nächsten Schritt eigentlich ziehen würde, von einer gegnerische Figur besetzt ist, darf der Bauer diese nicht schlagen.

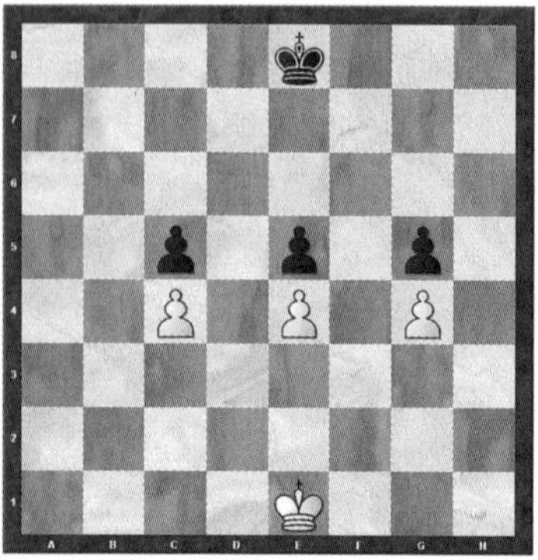

Diagramm 17

Wenn der Bauer eine gegnerische Figur schlagen will, dann muss diese vorne schräg stehen.

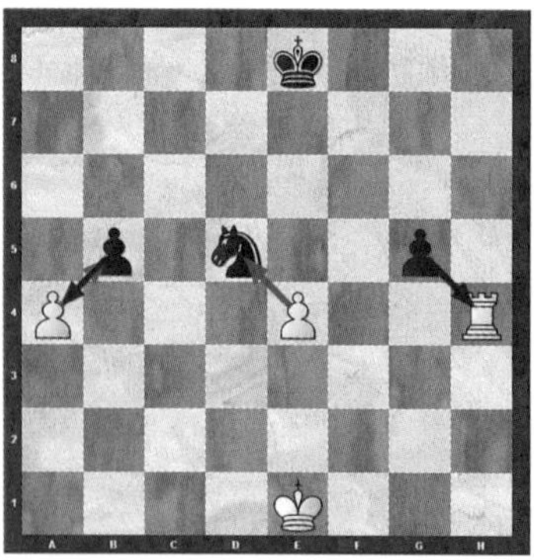

Diagramm 18
Beispiel schlagen

Zusammenfassend können wir also folgendes über die Eigenschaften des Bauern sagen:

- 1. Der Bauer zieht immer einen Schritt nach vorne.

- 2. Hat er noch nicht gezogen, darf er auch zwei Schritte gehen.
- 3. Der Bauer zieht zwar geradeaus, schlägt aber schräg.

Es gibt noch eine weitere Sonderregelung bezüglich des Bauern. Wenn der Bauer die gegnerische Grundreihe erreicht hat, dann verwandelt er sich in eine andere Figur. Hierbei steht alles zur Auswahl, außer ein weiterer König sowie ein Bauer. Bei der Figur, in die sich der Bauer verwandelt, muss es sich nicht um eine geschlagene Figur handeln. Man kann sich also beispielsweise einen dritten Springer holen. Meistens wird jedoch eine weitere Dame gewählt, da diese die stärkste Figur ist.

Der Springer

Die „komplizierteste" Figur habe ich mir für den Schluss aufgehoben. Alle anderen Figuren ziehen geradeaus oder schräg, aber immer geradlinig. Beim Springer sieht die

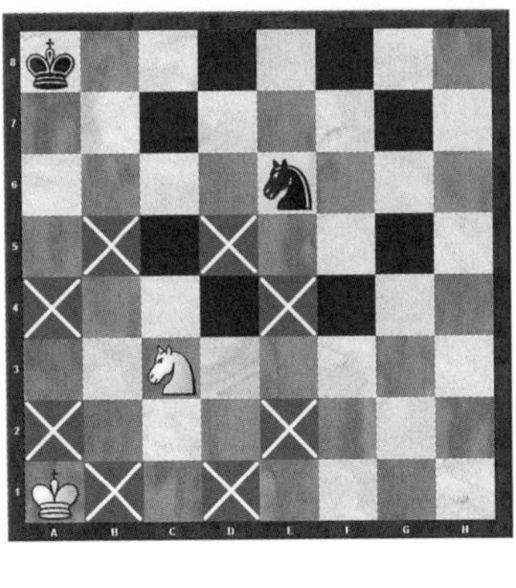

Diagramm 19

Sache anders aus. Der Springer zieht zwei Felder geradeaus, einen Schritt zur Seite und erreicht so sein Zielfeld. Auf diese Weise zieht er in alle Richtungen.

Den Namen Springer hat diese Figur nicht umsonst bekommen. Denn der Springer ist die einzige Figur, die über andere Figuren springen kann. Es geht nur um das Zielfeld. Steht dort eine gegnerische Figur, können wir diese mit dem Springer schlagen, steht dort eine eigene Figur, ist dieses Feld für uns tabu.

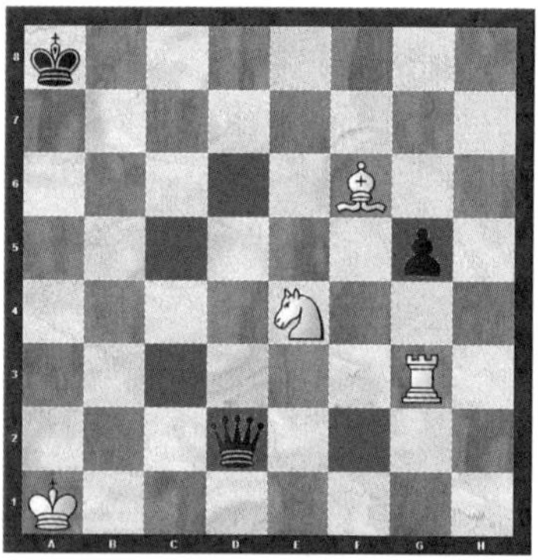

Diagramm 20

Ein Fehler, der häufig passiert, wenn man die Gangart des Springers kennenlernt, ist, dass auch Figuren geschlagen werden, die auf dem Weg zum Zielfeld stehen. Das ist ausdrücklich nicht möglich. Nur gegnerische Figuren die *auf* dem Zielfeld stehen, dürfen geschlagen werden.

2 WIE SCHACH FUNKTIONIERT

Das Zugrecht

Im Schach wird immer abwechselnd gezogen. Weiß startet immer die Partie und Schwarz zieht nach. Ein Zug wird damit begonnen, dass man die Figur, die man ziehen möchte, anfasst und ist beendet, wenn man die Figur auf das Zielfeld stellt und die Figur loslässt. Solange man die Figur noch nicht losgelassen hat, darf man sie noch auf ein anderes Feld stellen. Das Berühren einer Figur verpflichtet aber zum Ziehen dieser Figur. Möchte man eine Figur nur zurechtrücken, da sie nicht sauber auf einem Feld steht, verbindet man das Berühren der Figur mit dem französischen Ausspruch „j´adoube“, was mit „Ich rücke zurecht“ übersetzt werden kann.

Schach-Matt

Jetzt wissen wir wie die Figuren ziehen und haben auch schon eine ungefähre Vorstellung von den Stärken und Schwächen der einzelnen Figuren. Wenn Sie jedoch die Gebrauchsanleitung eines Brettspiels zur Hand nehmen, werden Sie sehen, dass dort auch immer das Ziel des Spiels definiert wird. Das Gleiche gilt natürlich auch für das Schachspiel. Ziel ist es, den Gegner, bzw. den gegnerischen König „Schach-Matt" zu setzen. Wieder einer dieser Schachbegriffe, die auch Nicht-Schachspieler kennen. Den König „Schach-Matt" zu setzen bedeutet, dass

1. der König von einer gegnerischen Figur angegriffen ist.
2. der angegriffene König diesem Angriff nicht entwischen kann.

Sind diese beiden Kriterien erfüllt, muss der König nicht mehr geschlagen werden, das gilt als unsportlich. Stattdessen sollte der Unterlegene dem Sieger gratulieren.

Aber eines nach dem anderen. Was bedeutet eigentlich „eine Figur greift den König an"?

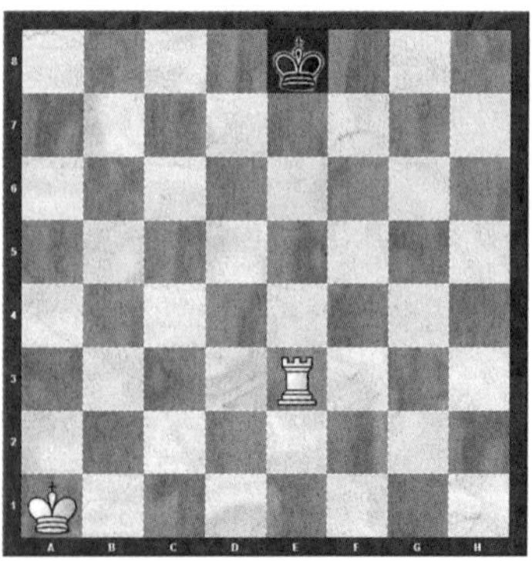

Diagramm 21

In dieser Stellung greift der weiße Turm den König an, weil er droht, den König im nächsten Zug zu schlagen. Darauf muss Schwarz jetzt reagieren. Im Allgemeinen gibt es drei Möglichkeiten, ein sogenanntes „Schach" (jetzt wissen wir auch, woher das Spiel seinen Namen hat), also den Angriff auf den König zu parieren:

1. Der König zieht aus dem „Schach":

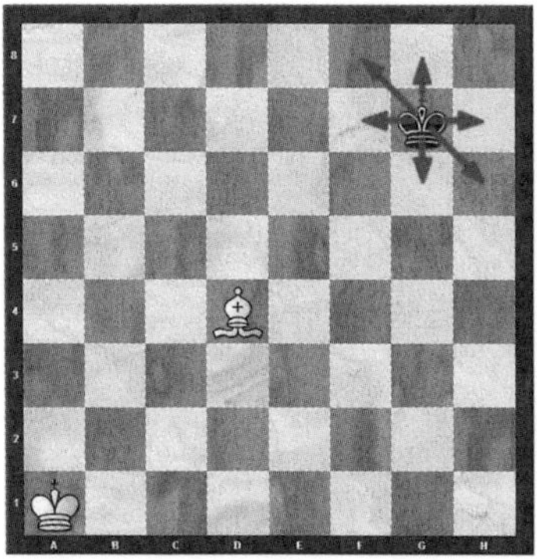

Diagramm 22

In der obenstehenden Stellung steht wieder der König im Schach. Hier kann der König zum Beispiel auf das Feld g6 ziehen. Nachdem er nicht mehr im Schach steht, ist wieder alles gut.

2. Die schachgebende Figur schlagen:

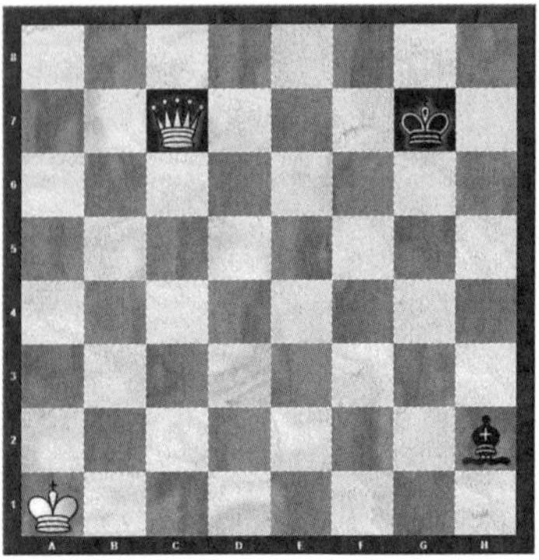

Diagramm 23

Wenn man darüber nachdenkt, ist diese Möglichkeit sehr logisch. Denn schlägt man die Figur, die den eigenen König angreift, und verbannt diese damit neben das Brett zu einer Zuschauerrolle, kann diese Figur unmöglich unseren König bedrohen. In der obenstehenden Stellung ist es deshalb die beste Möglichkeit, mit unserem Läufer die schachgebende Dame zu schlagen. Damit ist das Schachgebot und somit die Gefährdung des Königs aus der Welt!

3. Eine Figur zwischen die schachgebende Figur und den König stellen:

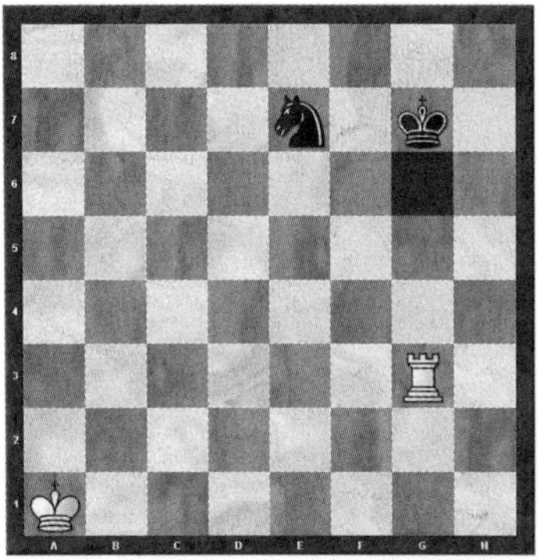

Diagramm 24

Die Idee dieser „Schachverhinderung“ ist, dass, wenn eine eigene Figur zwischen die schachgebende Figur und den König gestellt wird, die Verbindung unterbrochen und das Schach somit verhindert wird.

Sollte keine dieser drei Möglichkeiten vorhanden sein, wenn eine Figur den König angreift, dann liegt ein Matt vor und die Partie ist beendet.

Patt

Es ist nur ein anderer Buchstabe, in der Ergebnistafel ist es aber eine halbe Welt: Der Unterschied zwischen Matt und Patt. Dafür müssen wir uns erst mal vergegenwärtigen, dass es im Schach einen Punkt für einen Sieg und einen halben Punkt für ein Unentschieden gibt. Im Gegensatz zum Fußball entsprechen also zwei Unentschieden einem Sieg. Ein Patt ist eine Form eines Unentschiedens.

Beim Patt kann keine Figur einer Seite mehr ziehen, einer der wesentlichen Unterschiede ist, dass der König dabei nicht im Schach steht.

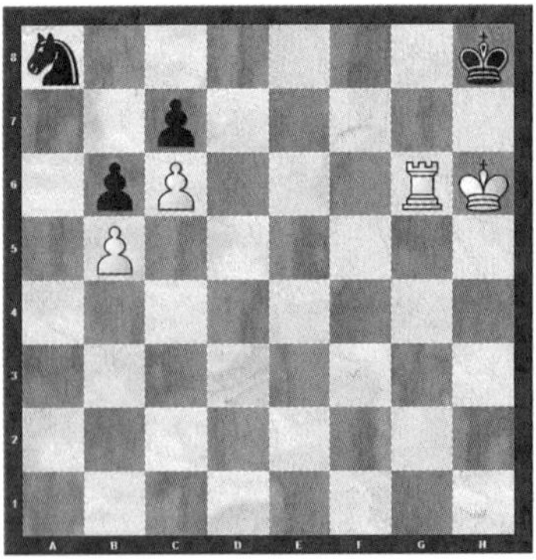

Diagramm 25

In dieser Stellung kann keine schwarze Figur mehr ziehen. Damit liegt ein Patt, also ein Unentschieden vor. Wichtig ist außerdem, dass Schwarz am Zug ist. Denn wäre Weiß am Zug, dann könnte dieser einen Zug machen, der den schwarzen Figuren wieder Zugmöglichkeiten eröffnet.

Anfänger machen häufig den Fehler, nach einer langen Partie, in der sie am Ende Dame und König gegen den blanken König haben, Patt zu setzen. Dann entsteht häufig folgende Stellung mit Schwarz am Zug:

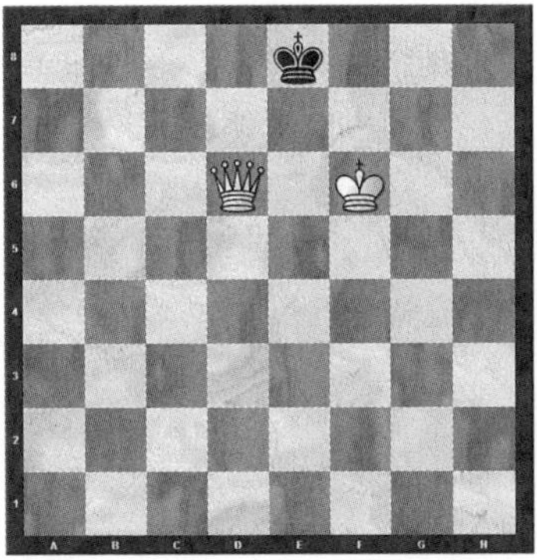

Diagramm 26

In dieser Stellung hat Weiß offensichtlich versucht, dem schwarzen König so viele Felder wie möglich wegzunehmen. Dabei aber vergessen, dem Gegner noch ein Feld zu geben, auf das er ziehen kann bzw. den gegnerischen König anzugreifen. Somit ist diese Stellung entstanden, in der keine schwarze Figur mehr ziehen kann, aber der schwarze König auch nicht angegriffen ist – also ein Patt. Und damit bekommt jeder Spieler einen halben Punkt, obwohl Weiß eine ganze Dame mehr hat. In solchen Situationen ist Vorsicht geboten.

Nicht vergessen: Jede Figur muss für ein Patt bewegungsunfähig sein, nicht nur der König! Wenn man dies nicht beachtet, wäre auch die Grundstellung ein Patt, da dort nur die Springer und die Bauern und eben nicht der König ziehen könnten.

„En passent" schlagen

Das ist eine der verrücktesten Ausnahmeregelungen und Schlagmöglichkeiten, die sich der Schachsport auferlegt hat: Das Schlagen im Vorübergehen, auf Französisch „en passent" genannt. Scharen von Schachtrainern verzweifeln rund um die ganze Welt daran, Kindern diese Regel beizubringen. Manche lassen es zunächst weg, um Kinder und Anfänger nicht zu verwirren, das führt jedoch zu peinlichen Situationen bei Turnieren, bei denen der Gegner diese Regel kennt. Wenn man sie jedoch beibringt, wird sie sehr häufig falsch angewendet.

Wir wollen uns dem Thema für eine bessere Verständlichkeit ganz grundsätzlich nähern.

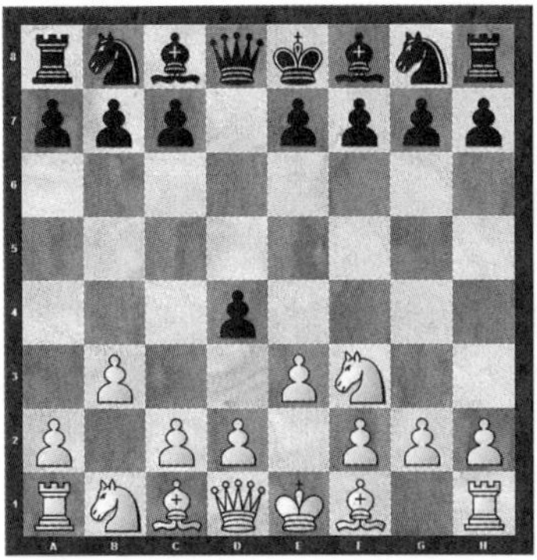

Diagramm 27

Der letzte Zug von Weiß war Bauer von e2 nach e3. Diesen Bauern darf Schwarz mit seinem Bauern auf d4 schlagen. Wir erinnern uns: Bauern schlagen schräg.

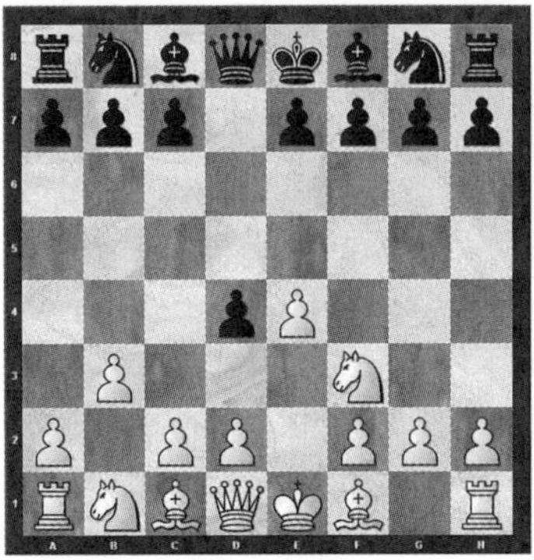

Diagramm 28

Hier war der letzte weiße Zug e3–e4, also darf der schwarze d-Bauer nicht schlagen, da nun das schräge Schlagen eben nicht möglich ist.

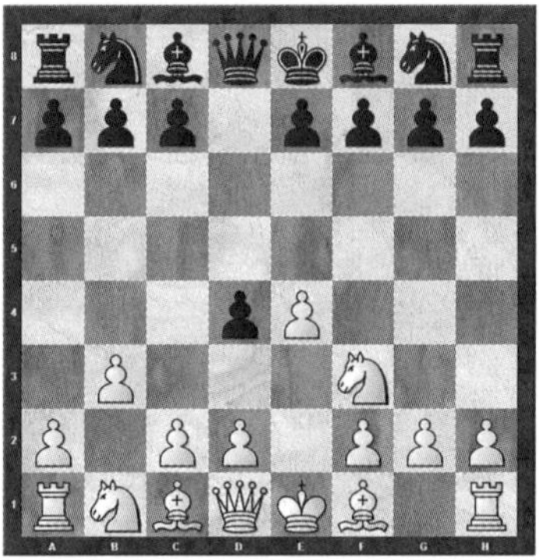

Diagramm 29

Die gleiche Stellung? Warum habe ich zweimal die gleiche Stellung aufgebaut? Manchmal muss man eben nicht nur schauen, was ist, sondern auch, was war! In dieser Stellung war der letzte Zug nicht e3–e4, sondern e2–e4! Nun kommt das „en passent“-Schlagen ins Spiel.

Normalerweise ist es einem erlaubt, nur ein Feld mit dem Bauern zu ziehen, der Doppelzug am Anfang ist also eine Sonderregel. Damit es für den Gegner nicht zu unfair wird, hat er in einer Stellung, wie wir sie oben sehen, die Möglichkeit des „en passent“-Schlagens, also des Schlagens im Vorübergehen. Das bedeutet, er darf jetzt mit seinem Bauern von d4 nach e3 gehen und den Bauern auf e4 wegnehmen. Schwarz tut also so, als ob Weiß mit seinem Bauern nur einen Zug gegangen ist. Dieses „en passent“-Schlagen geht nur *direkt nach dem Doppelzug*.

Die Stellung, die daraus entsteht, sieht wie folgt aus:

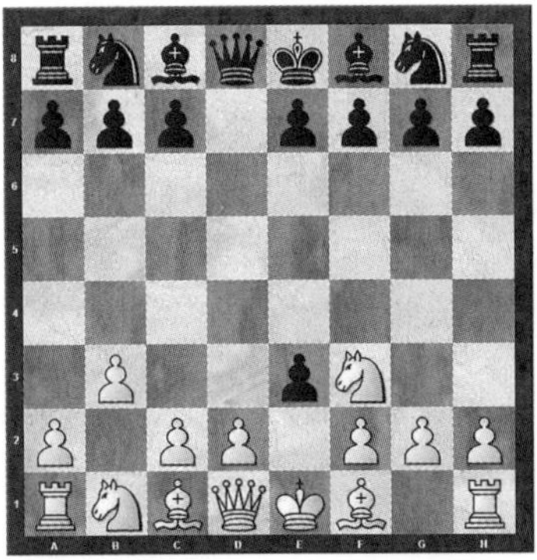

Diagramm 30

Wie gesagt, sehr ungewöhnlich, aber es ist ein Teil der Schachregeln und somit haben wir diese zu beachten.

Hier die Zusammenfassung der „en passent“-Regel:

- Ein Bauer wird von seiner Anfangsposition zwei Felder nach vorne gezogen.
- Er landet direkt neben einem gegnerischen Bauern.
- Schwarz entscheidet sich „en passent“ zu schlagen.
- Der Bauer schlägt wieder schräg, zum Beispiel von d4 nach e3.
- Der Bauer, der eben zwei Felder gezogen wurde, wie im Beispiel der Bauer auf e4, wird vom Brett genommen.
- „en passent“-Schlagen ist nur direkt nach dem Doppelzug möglich.

Jetzt haben wir eine der außergewöhnlichsten Sonderregeln hinter uns gebracht. Das ist immer eine schwere Geburt, aber andererseits sind Sie schon jetzt vielen Hobby-Spielern einen Schritt voraus.

Die Rochade

Dies ist ein weiterer Sonderzug, der aber im Gegensatz zum „En passent"-Schlagen deutlich verbreiteter ist und im Schachspiel eine größere Rolle spielt. Die Rochade wird mit dem Turm und dem König ausgeführt. Der einzige Zug, bei dem zwei Figuren auf einmal bewegt werden dürfen. Dieser Zug dient der Königssicherheit, doch dazu später mehr.

Die Rochade wird unterschieden in kurze Rochade und lange Rochade. Zunächst die kurze Rochade:

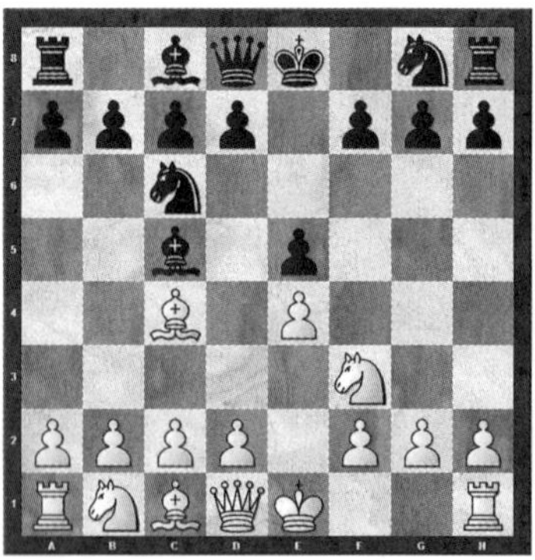

Diagramm 31

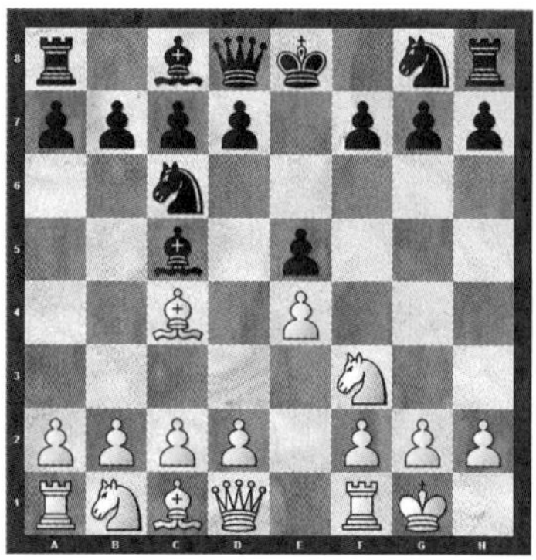

Diagramm 32

Im linken Diagramm ist Weiß am Zug und kann rochieren. Das bedeutet, er zieht seinen König 2 Felder Richtung Turm nach g1 und der Turm springt über den König nach f1. Das zählt als ein Zug!

Die lange Rochade geht in die andere Richtung:

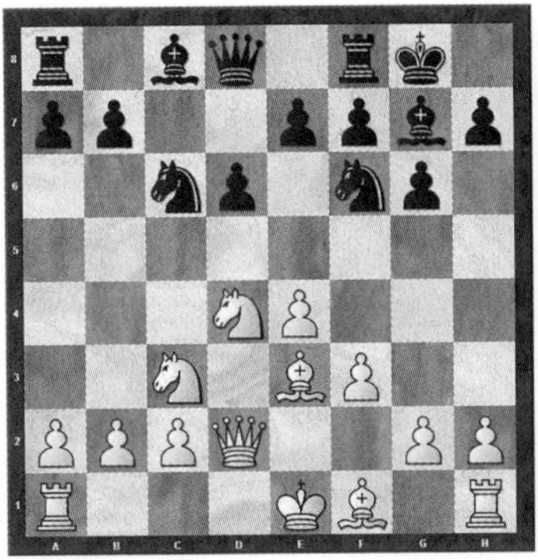

Diagramm 33

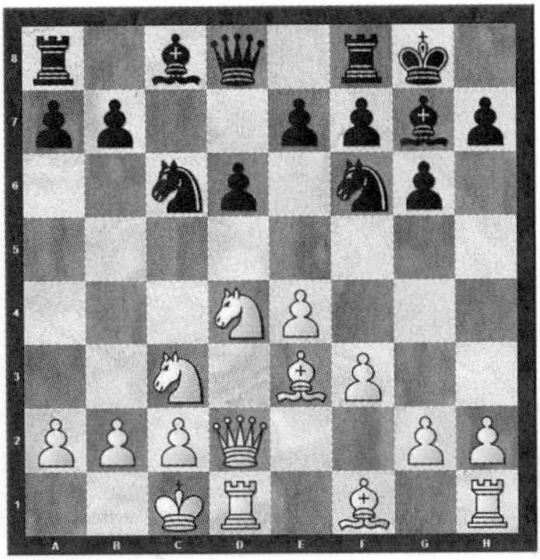

Diagramm 34

Wiederum im linken Diagramm geht die sogenannte lange Rochade, also die Rochade in die lange Richtung. Hier geht der König wieder zwei Felder in Richtung Turm, diesmal auf das Feld c1, und der Turm springt über den König auf das Feld d1.

Nun gibt es zu der Rochade einige Einschränkungen, in denen man nicht rochieren bzw. nicht mehr rochieren kann. Diese sind:

- Der Turm oder der König stehen nicht mehr auf ihrem Ausgangsfeld.
- Der Turm oder der König haben bereits gezogen!
- Der König steht im Schach.
- Eins der Felder, über die der König bei der Rochade zieht, wird von einer gegnerischen Figur kontrolliert.
- Es steht eine Figur zwischen dem König und dem Turm.

Besondere Aufmerksamkeit möchte ich auf den zweiten Punkt richten: Der Turm oder der König haben bereits gezogen: Auch dann, wenn beispielsweise der König nach d2 geht und dann wieder auf sein Ausgangsfeld e1 zurückkehrt, ist das Rochaderecht für die gesamt Partie verwirkt. Das Gleiche gilt, wenn der Turm bereits gezogen hat und wieder auf sein Ausgangsfeld zurückkehrt.

Wann und wie man die Rochade am besten einsetzt, werden wir beim Thema Eröffnungen besprechen.

Sonderregeln

Unentschieden ist wie in vielen anderen Sportarten ein mögliches Ergebnis. Einen Weg, dies zu erreichen, haben wir durch das Patt bereits kennengelernt. Es gibt aber weitere Möglichkeiten, ein Unentschieden zu erreichen:

Dreifache Stellungswiederholung

Wenn auf dem Brett dreimal die gleiche Stellung entsteht, kann Unentschieden reklamiert werden. In Turnierpartien werden die Züge auf sogenannten Partieformularen mitgeschrieben. Somit kann man beim Schiedsrichter nachweisen, dass diese Stellung das dritte Mal entstanden ist, und auf Unentschieden reklamieren.

Es gibt eine feste Vorschrift, wie man das Unentschieden zu reklamieren hat: Zunächst den Zug, mit dem man die dreifache Stellungswiederholung herbeiführt, aufschreiben. Die Schachuhr (was das ist, wird später geklärt) anhalten und dann den Schiedsrichter holen.

Bei einer Hobbypartie kann man das natürlich auch anders klären, wenn man diese Regel dort überhaupt anwendet.

Wenn es zur dreifachen Stellungswiederholung kommt, dann geschieht das meistens durch direkte Wiederholung der Züge bzw. durch das hin- und herziehen von Figuren. Es ist aber auch möglich, dass die gleiche Stellung in Abstand von einigen Zügen wieder aufs Brett kommt. Auch dann greift die Regel der dreifachen Stellungswiederholung.

Die 50-Züge-Regel

Diese Regel kommt äußerst selten zum Tragen. Denn sie deckt, wie der Name schon sagt, einen Zeitraum von 50 Zügen ab. So lange dauert die durchschnittliche Partie nicht. Die 50-Züge-Regel besagt, dass auf Unentschieden reklamiert werden kann, wenn beide Seiten 50 Züge lang weder einen Bauern ziehen noch eine Figur schlagen.

Auch wenn es nicht so häufig vorkommt, gibt es doch Situationen, in denen sich eine Seite durch diese Regel unter Druck gesetzt fühlt.

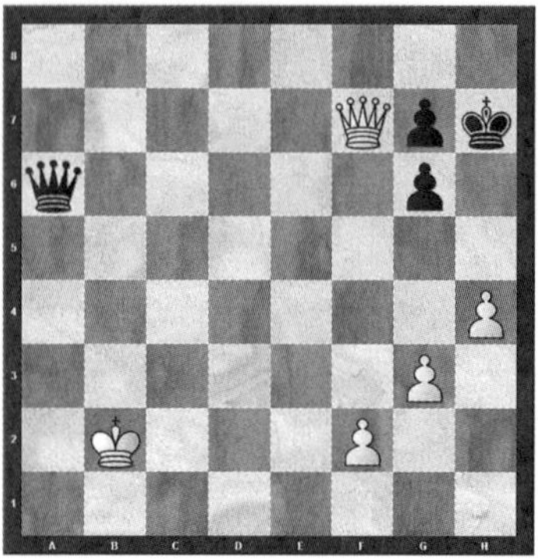

Diagramm 35

Eine Stellung aus meiner Partie mit Schwarz gegen den dänischen Großmeister Lars Schandorff. Nach einer Eröffnung, die ich zum ersten Mal spielte und einer wackeligen Rettungsaktion im Mittelspiel, endete ich in einem sogenannten Damenendspiel mit einem Bauern weniger, was jedoch grundsätzlich zu halten sein sollte. Nach weiteren 42 Zügen stand folgende Stellung auf dem Brett:

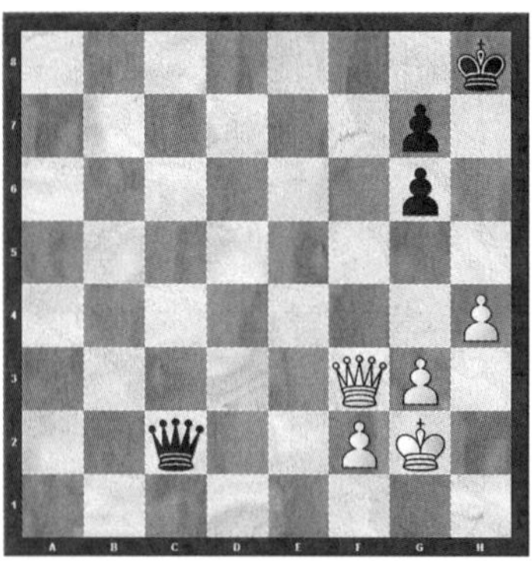

Diagramm 36

In dieser Stellung sind wir kurz davor, dass die 50-Züge-Regel in Kraft tritt. Also entschied sich Schandorff, mit g4 einen Bauern zu ziehen und es wurde wieder von vorne gezählt. Nach insgesamt 116 Zügen wurde dann doch das Unentschieden vereinbart.

Das Remisangebot

Remis ist ein anderes Wort für Unentschieden und wird im Schach-Sprachschatz häufiger verwendet. Im Schach gibt es eine einzigartige Möglichkeit, die es meiner Kenntnis nach in keiner anderen Sportart gibt: Das Remisangebot. Es bedeutet, dass man seinem Gegner zu jedem Zeitpunkt ein Unentschieden anbieten kann. Dabei sind einige Dinge zu beachten.

Man gibt das Remisangebot direkt nachdem man gezogen hat ab. Nicht wenn der Gegner überlegt, nicht wenn man selber am Zug ist.

Der Gegner hat während der gesamten Zeit, die er über seinen Folgezug nachdenkt, die Möglichkeit, das Remisangebot anzunehmen. Die Ablehnung erfolgt durch das Ausführen eines weiteren Zuges. Häufig verbunden mit einer kurzen Entgegnung „Ich möchte weiterspielen".

Die Möglichkeit des vorzeitigen Remis führte teilweise zu absurden Situationen, in denen bei Turnieren jeden Niveaus die Bretter bereits nach wenigen Zügen leergefegt waren.

Dem wird in letzter Zeit mit der sogenannten Sofia-Regel begegnet. Den Namen hat diese Regel, weil sie zuerst in der bulgarischen Hauptstadt Sofia angewandt wurde. Sie regelt die Anzahl der Züge bevor ein Remis vereinbart werden darf. Meistens werden 30 Züge angesetzt, gelegentlich aber auch 20 oder 40.

Die Wertigkeit der Figuren

Die Wertigkeit der Figuren gehört nicht zu den Schachregeln. Vielmehr haben Schachspieler mit der Zeit herausbekommen, wie viel eine einzelne Schachfigur im Verhältnis zu den anderen Figuren wert ist. Damit ist es einfacher zu beurteilen, ob ein Tausch sinnvoll ist oder nicht.

Um sich die Werte der Figuren besser vorzustellen, nimmt man, vor allem bei Kindern, nicht Punkte, sondern Eiskugeln als Messwert für den Wert der einzelnen Figuren. Die Tabelle mit der Wertigkeit sieht wie folgt aus:

1 Bauer	= 1 Eiskugel
1 Springer	= 3 Eiskugeln
1 Läufer	= 3 Eiskugeln
1 Turm	= 5 Eiskugeln
1 Dame	= 9–10 Eiskugeln
1 König	= unendlich viele Eiskugeln

Daraus ergibt sich, dass beispielsweise zwei Bauern genauso viel wert sind wie ein Springer oder ein Läufer. Springer und Läufer sind gleich viel wert. Ein Springer und zwei Bauern entsprechen einem Turm usw. An dieser Tabelle können Sie sich orientieren, wenn Sie feststellen wollen, ob ein Tausch sinnvoll ist oder nicht. Sie werden feststellen, dass diese Tabelle sehr gut hinhaut.

Diese Tabelle bildet aber nur Richtwerte ab. Es wird Springer geben, die dem Läufer aufgrund ihrer Position auf dem Brett unterlegen sind und umgekehrt, auch wenn sie zu Beginn der Partie ungefähr gleich viel wert sind.

3 DIE ERÖFFNUNG

Im Schach gibt es drei Spielphasen: Die Eröffnung, das Mittelspiel und das Endspiel.

Die Eröffnung bezeichnet die erste Spielphase. In dieser geht es darum, bestimmte Grundregeln einzuhalten, um eine gute Stellung zu erhalten. Außerdem ist sie die Phase mit den größten wissenschaftlichen Aspekten. Grund dafür ist die Eröffnungstheorie. Seit über hundert Jahren versuchen Spieler aller Stärken, den Beginn einer Schachpartie und die besten Möglichkeiten, eine Partie zu starten, zu erforschen. Daraus entstand mit der Zeit die Eröffnungstheorie. Die Eröffnungstheorie ist kein festgeschriebenes Vorgehen oder gar eine Regel, sie ist vielmehr das, was sich über die Jahre als gut bewährt hat. Die Eröffnungstheorie wird durch sogenannte Neuerungen immer weiter ausgebaut. Eine Neuerung ist eine Verbesserung der bisher gespielten Eröffnungstheorie. Ob ein Zug eine Neuerung ist, kann man in Schachdatenbanken nachschauen, in denen Millionen Partien gespeichert sind.

Das Mittelspiel ist die zweite Spielphase. Sie schließt sich an die Eröffnung an, die Grenze zu Eröffnung ist jedoch fließend und es gibt keine bestimmte Zügezahl, nach der das Mittelspiel beginnt. Grundsätzlich kann man sagen, dass das Mittelspiel beginnt, wenn die Ziele der Eröffnung umgesetzt worden sind. Im Mittelspiel werden taktische und strategische Aspekte wichtig, auf die ich später noch eingehe.

Das Endspiel ist die dritte und letzte Spielphase. Sie wird durch diverse Faktoren definiert, an vorderster Stelle steht die reduzierte Figurenanzahl. Aber auch hier werden wir uns noch näher mit den Einzelheiten beschäftigen.

Wieder zurück zur Eröffnung. Hier gibt es drei wichtige Eröffnungsregeln, die man beachten sollte:

1. Das Zentrum besetzten
2. Die Leichtfiguren entwickeln
3. Königssicherheit

Das Zentrum besetzen

Das Zentrum bezeichnet im Schach die Mitte des Schachbretts. Die Felder d4, e4, d5 und e5 bilden das Zentrum. Dies soll man besetzen, da man so am besten Raum auf dem Schachbrett gewinnt. Außerdem hat der König des Gegners drei Möglichkeiten. Entweder er bleibt in der Mitte oder er rochiert in Richtung der langen oder kurzen Seite. Egal wo der König hingeht, vom Zentrum aus sind wir am flexibelsten, darauf zu reagieren und unsere Kräfte in diese Richtung zu bewegen.

Diese Regel ist der Grund, warum der häufigste Zug von Weiß 1.e4 und der zweithäufigste 1.d4 ist.

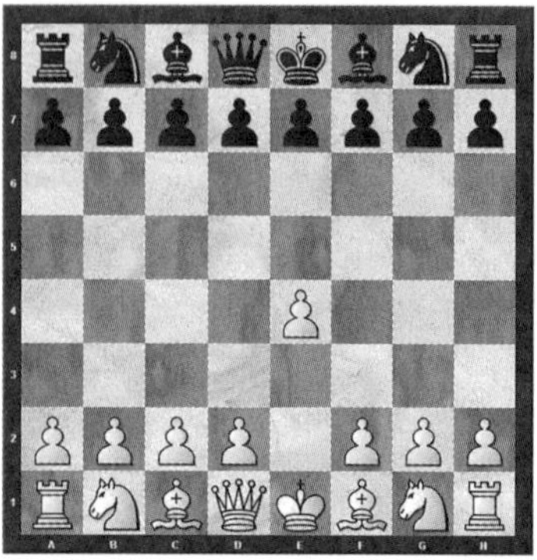

Diagramm 37
Stellung nach 1.e4

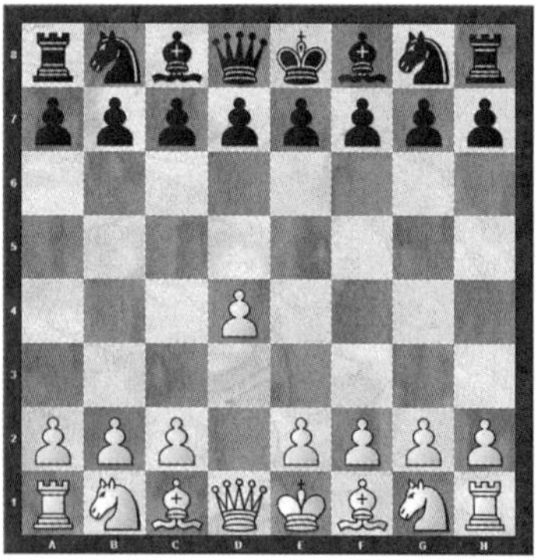

Diagramm 38
Stellung nach 1.d4

In den beiden obenstehenden Diagrammen sehen Sie die Eröffnungszüge 1.e4 und 1.d4. Beide Bauern besetzen ein Feld im Zentrum und kontrollieren, durch ihre Fähigkeit schräg zu schlagen, ein weiteres Zentrumsfeld.

Kaum verwunderlich ist dann, dass häufige Reaktionen von Schwarz auf diese Züge 1...e5 bzw. 1...d5 sind.

Die Leichtfiguren entwickeln

Als Leichtfiguren bezeichnet man Springer und Läufer. Sie können sich also denken, dass man Turm und Dame dementsprechend Schwerfiguren nennt. Leichtfiguren entwickeln bedeutet, dass man sie schnell ins Spiel, also Richtung Brettmitte rausbringen soll. Die Leichtfiguren sind weniger wert als beispielsweise die Dame und somit ist es nicht so gefährlich sie früh zu aktivieren. Wichtig dabei ist, dass man alle Figuren schnell und effektiv entwickelt und nicht ständig mit einer Leichtfigur zieht. Ganz wie bei einer guten Party: man lädt alle Leute ein, nicht nur einen.

Im Allgemeinen heißt es, dass man zuerst die Springer und dann die Läufer entwickeln soll, da die Springer zu Beginn weniger gute Felder zur Verfügung haben und somit klar ist, wo sie hingehören. Diese These stimmt grundsätzliche immer noch, aber die moderne Eröffnungstheorie überholt sie zunehmend.

Im Anschluss werden wir uns mit konkreten Varianten der Eröffnungstheorie beschäftigen. Wir werden sehen, dass diese Grundregeln auch bei computergeprüften Varianten gelten. Computergeprüft bedeutet, dass es inzwischen sogenannte „Engines“ gibt, spezielle Schach-Softwareprogramme. Diese Engines bewerten computergestützt Stellungen und geben die besten Züge an. Allerdings haben diese Computer es glücklicherweise noch nicht geschafft, jahrelange Arbeit von Menschen zu widerlegen.

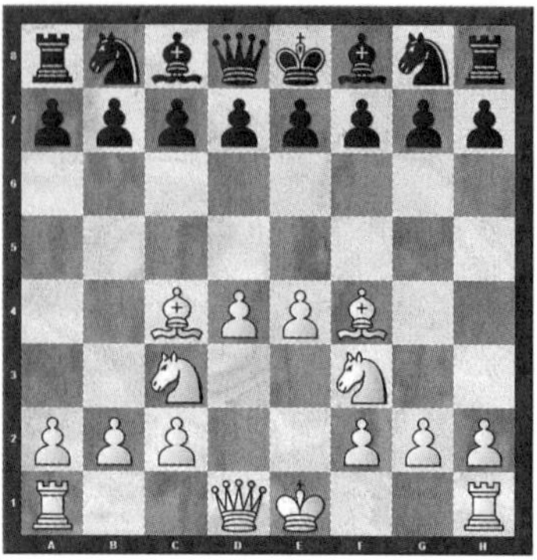

Diagramm 39
Stierkopf

Im oberen Diagramm sehen Sie den sogenannten Stierkopf, ein romantische Aufstellung, die das perfekte Bild einer guten Eröffnungsarbeit widerspiegelt. Das Problem ist, dass es beim Schach immer abwechselnd zur Sache geht und Schwarz diesen Aufbau natürlich unterbindet und ihn selber anstrebt.

Königssicherheit

Königssicherheit ist eigentlich selbsterklärend. Der König ist, von oben betrachtet, das Zielobjekt des Gegners, also sollten wir versuchen, diesen König zu schützen. Jetzt kommt noch hinzu, dass die erste Regel lautet, das Zentrum zu besetzen. Dazu ziehen wir den e- oder d-Bauern zwei Felder nach vorne. Damit ist eine Schwächung des Königs verbunden. Hier schließt sich der Kreis zur Rochade. Damit unser König in der Mitte nicht zu luftig steht, wenn wir dort mit unseren Leichtfiguren und Bauern vorpreschen, hat der Schachgott die Rochade erfunden. Die Rochade ist Teil fast jeder Theorievariante, denn der König kann in der Ecke des Schachbretts am besten geschützt werden.

Die Notation

Bevor wir uns der Eröffnungstheorie widmen, muss noch besprochen werden, wie man eine sogenannte Notation liest. Denn es werden viele komische Abkürzungen verwendet, die eine Art Geheimcode für Schachspieler darstellen könnten. Im Schach gibt es sogenannte Partieformulare:

Weiß:__________________ Schwarz:______________________

1			21			41		
2			22			42		
3			23			43		
4			24			44		
5			25			45		
6			26			46		
7			27			47		
8			28			48		
9			29			49		
10			30			50		
11			31			51		
12			32			52		
13			33			53		
14			34			54		
15			35			55		
16			36			56		
17			37			57		
18			38			58		
19			39			59		
20			40			60		

Auf diesem Formular trägt man bei Turnierpartien ein, welche Züge man macht. Den ersten weißen Zug auf das weiße Feld neben der 1. Den ersten schwarzen Zug auf das schwarze Feld neben der 1 usw. Dabei ist folgende Reihenfolge einzuhalten: Erst die Figur, dann das Feld, auf das die Figur zieht. Da Schachspieler einen Hang zum Faulsein haben, schreiben sie den Namen der Figuren natürlich nicht aus. Stattdessen nehmen sie einfach den Anfangsbuchstaben der Figur und schreiben nur diesen auf. Wenn also beispielsweise ein Springer auf das f3 zieht, steht auf dem Formular: Sf 3.

Beim Bauern haben sich die Schachspieler einen noch schlankeren Fuß gemacht, denn dort wird nur das Feld aufgeschrieben, auf das der jeweilige Bauer zieht. Wenn also ein Bauer nach b3 zieht, schreibt man auf das Formular: b3.

Nun kann die Situation entstehen, dass zum Beispiel beide Springer auf ein und dasselbe Feld ziehen können. Also muss man in der Notation festhalten, welcher der beiden Springer auf das Zielfeld gegangen ist. Nehmen wir an, ein Springer von b3 geht nach d4 und ein Springer von f3 hätte dort auch hingehen können, dann steht auf dem Formular: Sb 3–d4. Problem gelöst!

Außerdem gibt es noch einige Sonderzeichen:

Schachgebot:	+ (am Ende des Zuges aufschreiben)
Schlagzug:	x (zwischen Figur und Zielfeld schreiben, Beispiel: Lxg5 bedeutet Läufer schlägt g5)
0-0:	kurze Rochade
0-0-0:	lange Rochade

Eröffnungstheorie

Eine wichtige Frage ist, wie man die folgende Variante bearbeiten sollte. Dazu hole ich weiter aus. Mir ist in den letzten beiden Jahren, seit ich das Buch „Die große Schachschule“ in den Kursen der Schachschule Hamburg nutze, aufgefallen, dass vor allem Erwachsene sehr darauf fokussiert sind, was in der Eröffnung zu tun ist. Denn sie verstehen sehr schnell, warum man bestimmte Züge macht, bzw. nicht macht. Es nervt sie aber, in der Eröffnung scheinbar planlos umherzuirren und gegen erfahrenere Spieler chancenlos zu sein, weil sie bereits in der Eröffnung ausgetrickst werden. Zugegeben, ich dachte, dass diese Erwachsenen die Wichtigkeit der Eröffnung überschätzen, musste aber erkennen, dass Erwachsene sehr schnell die Prinzipien und Varianten der Eröffnung verinnerlichen können und anwenden, sodass die Partieführung sehr schnell besser wird. Das ist der Grund, warum ich diese Thematik bereits so früh im Buch behandle. Für dieses Kapitel ist es sehr förderlich, ein Schachbrett aufzubauen und *die Züge am Brett nachzuvollziehen.* Außerdem habe ich in die Notation immer das Eröffnungsprinzip zu den Zügen geschrieben. Damit klar ist, wie häufig diese einfachen Regeln tatsächlich befolgt werden. Viel Spaß!

Die Spanische Partie

1.e4 (Zentrum besetzen)

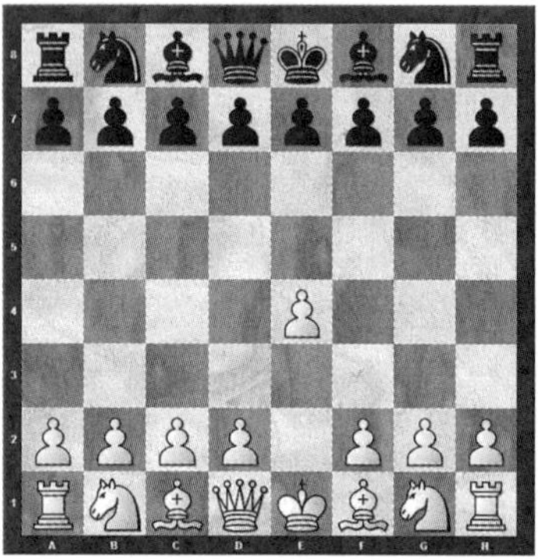

Diagramm 40

Weiß besetzt mit seinem ersten Zug direkt das Zentrum. Außerdem gibt er dem Läufer auf f1 freie Bahn.

1...e5 (Zentrum besetzen)

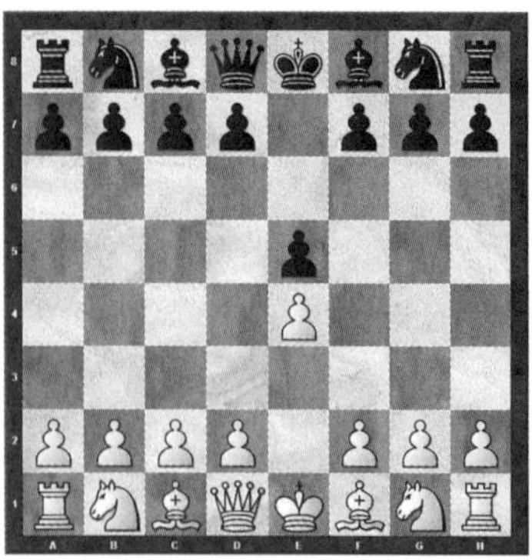

Diagramm 41

Schwarz tut es Weiß gleich und setzt einen seiner Zentralbauern zwei Schritte nach vorne.

2.Sf 3 (Figuren entwickeln und Zentrum besetzen)

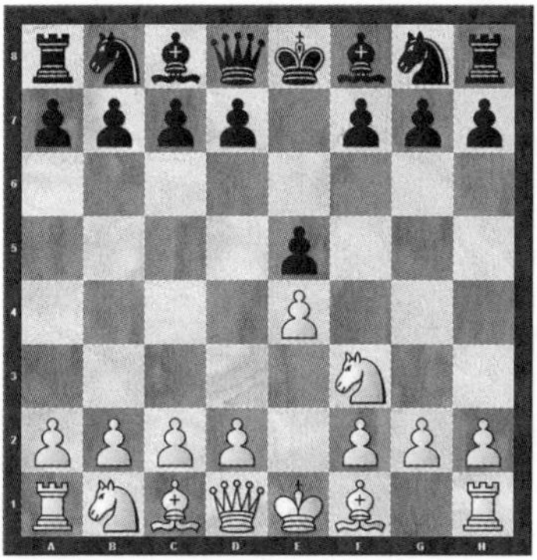

Diagramm 42

Dieser Zug hat eine Doppelfunktion. Zum einen wird eine Leichtfigur entwickelt, zum anderen kontrolliert er von f3 aus die beiden Zentrumsfelder e5 und d4.

2...Sc 6 (Figuren entwickeln und Zentrum besetzen)

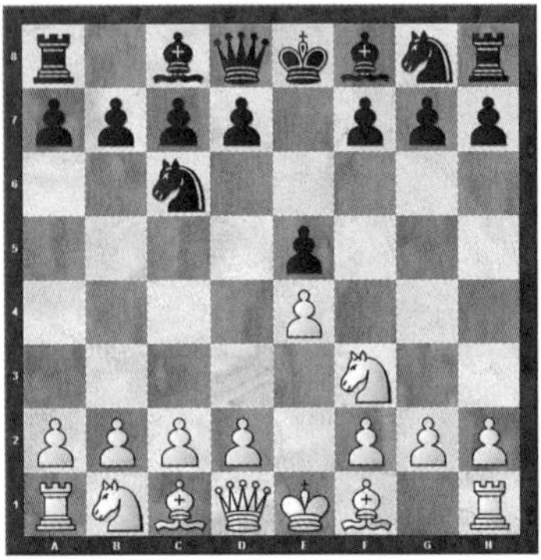

Diagramm 43

Auch hier gilt wieder Ähnliches wie für den weißen Gegenpart. Nur, dass Sc 6 etwas passiver ist, denn der e5 muss verteidigt werden und somit kann selber kein Angriff auf einen gegnerischen Bauer entwickelt werden.

3.Lb5 (Figuren entwickeln)

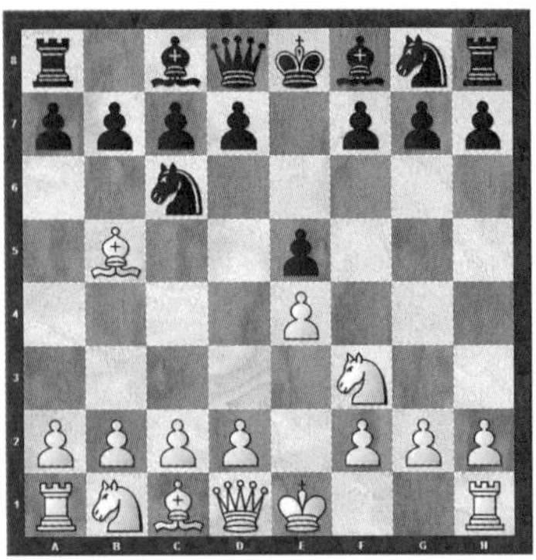

Diagramm 44

Wir werden gleich noch den Zug Lc4 betrachten, eine der beliebtesten Eröffnungen bei Hobbyspielern: Die Italienische Eröffnung. Lb5 verfolgt eine andere Idee. Der Läufer kann im nächsten Zug den Springer schlagen, auf c6, der wiederum den e5-Bauer beschützt.

3...a6 (Keine Regel, greift den Läufer an)

4.La4 (Keine Regel, zieht den Läufer aus der Gefahr)

Den Springer zu schlagen, würde in die sogenannte Spanische Abtauschvariante führen. Da dieser Zug jedoch nur selten gespielt wird, wollen wir uns damit zunächst nicht zu intensiv auseinandersetzen.

4...Sf 6 (Figur entwickeln und Zentrum besetzen)

Nun entwickelt Schwarz auch seinen zweiten Springer und greift den Bauer auf e4 an.

5.0–0 (Königssicherheit)

Weiß ignoriert die schwarze Drohung und bringt seinen König in Sicherheit, um direkt im Anschluss den Turm zu aktivieren.

5...Le7 (Figuren entwickeln)

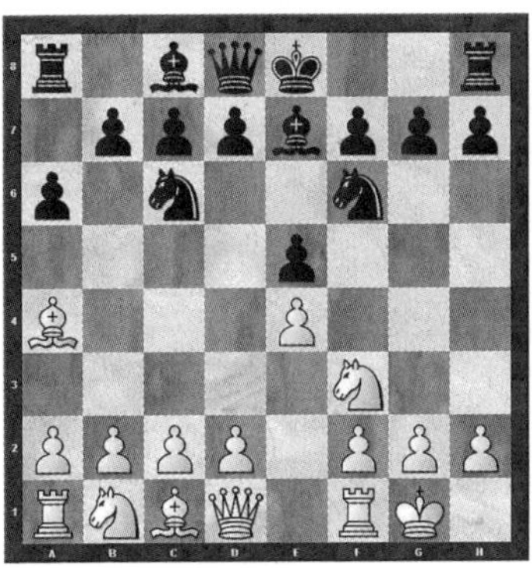

Diagramm 45

6.Te1 (Figuren entwickeln, auch wenn es keine Leichtfigur ist)

6...b5 (keine Regel, greift den Läufer an)

7.Lb3 (keine Regel, zieht den Läufer aus der Gefahr)

7...d6 8.c3 0–0 9.h3 9...Sa 5 10.Lc2

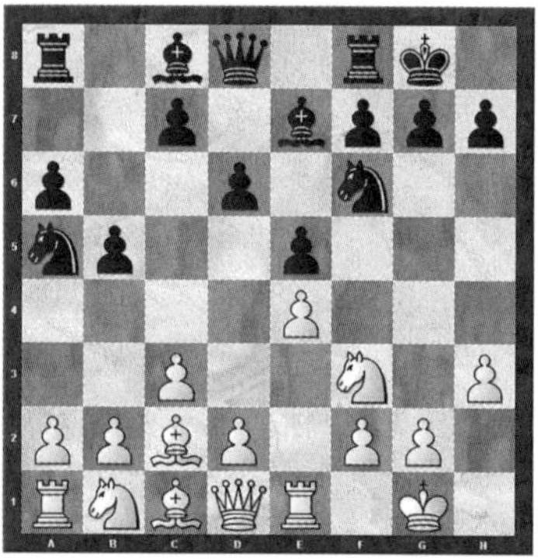

Diagramm 46

10...c5 Schwarz spielt c5, noch bevor Weiß d4 spielen konnte. Weiß hält natürlich gegen.

11.d4 Dc7 [11...Sd 7 12.Sbd2 cxd4 (12...exd4 13.cxd4 Sc 6 Und wieder will Schwarz im Zentrum mitspielen. 14.d5 Sce5 15.Sxe5 Sxe5 16.f4 auch ein seltenes Motiv. Weiß nutzt auch den f-Bauern, um im Zentrum ein Übergewicht zu erlangen. 16...Sg 6 17.Sf 3 f5 ist der prinzipielle, wenn auch nicht ungefährliche Zug. Das Zentrum soll zerstört werden! 18.e5 Doch Weiß will sein schönes Zentrum behalten. 18...dxe5 19.fxe5) 13.cxd4 Sc 6 14.Sb 3. Wir kommen langsam zu den Ausnahmen, denn auch Sb 3 haben wir so noch nicht gesehen. 14...a5 15.Ld3 La6 16.d5 Sb 4 17.Lf1]

12.Sbd2 cxd4 [12...Sc 6 13.d5 Sa 5 Der Springer bereits zum zweiten Mal auf a5 gelandet. 14.b3 g6 15.Sf 1 Sh 5 16.Lh6 nun werden die schwachen schwarzen Felder angeguckt. 16...Te8 17.Sg 3]

13.cxd4 Sc 6 [13...Lb7 14.d5 Eine klassische Idee nach Lb7. Mit d5 den Läufer und den Springer einzuschränken. 14...Tac8]

14.Sb 3 a5 15.Le3 a4 16.Sbd2 Ld7 17.Tc1

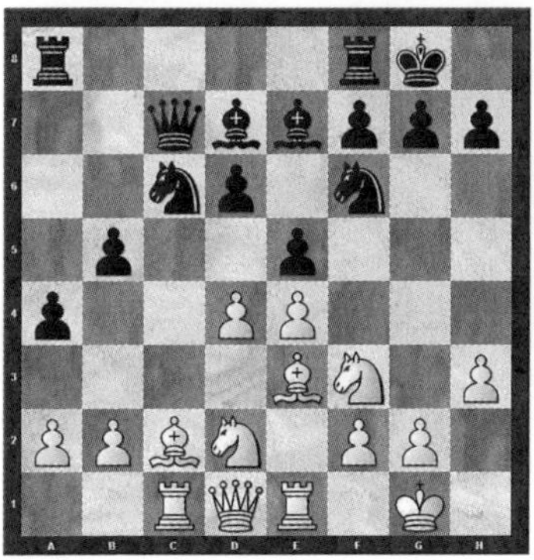

Diagramm 47

Der letzte Zug stellt den Turm auf die Linie der Dame, immer ein Vorzeichen taktischer Verwicklungen.

Die Italienische Partie

1.e4 (Zentrum besetzen)

1...e5 (Zentrum besetzen)

2.Sf 3 (Zentrum besetzen und Figuren entwickeln)

2...Sc 6 (Zentrum besetzen und Figuren entwickeln) Außerdem wird der angegriffene Bauer auf e5 beschützt.

3.Lc4 (Zentrum besetzen und Figuren entwickeln)

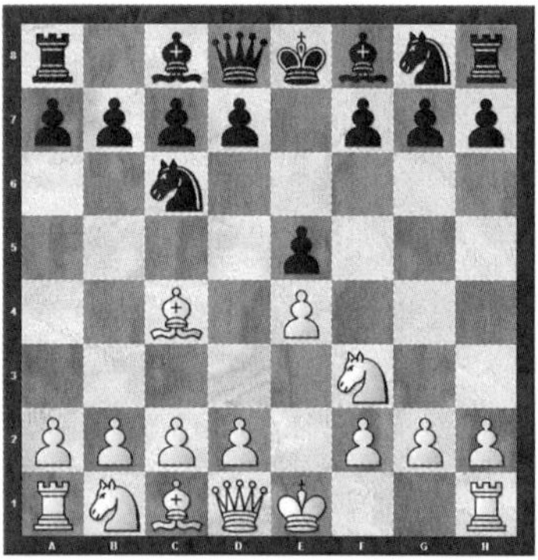

Diagramm 48

Dieser Zug leitet die Italienische Eröffnung ein. So wie die Spanischen Partie, wird auch dieser Zug bei Profi-Turnieren nicht so häufig gespielt wie Lb5, allerdings hat er eine sehr gefährliche Idee. Der Bauer f7 im schwarzen Lager ist der einzige, der nur vom König beschützt ist! Dieser Bauer wird jetzt aufs Korn genommen. Außerdem deckt der Läufer von c4 aus ein Zentrumsfeld, das tut er auf b5 nicht.

3...Lc5 Gleiche Idee wie Lc4, allerdings wird es für Schwarz schwieriger, den f2 anzugreifen, als für Weiß, den f7 anzugreifen. [3...Sf 6 ist die Alternative zu Lc5 und mein

Favorit in dieser Stellung. Der Grund, warum ich Sf 6 vorziehe, ist, dass man sofort aktiv wird, indem man den e4 angreift. Allerdings wird Lc5 häufiger gespielt, da Sf 6 folgenden Zug zulässt: 4.Sg 5

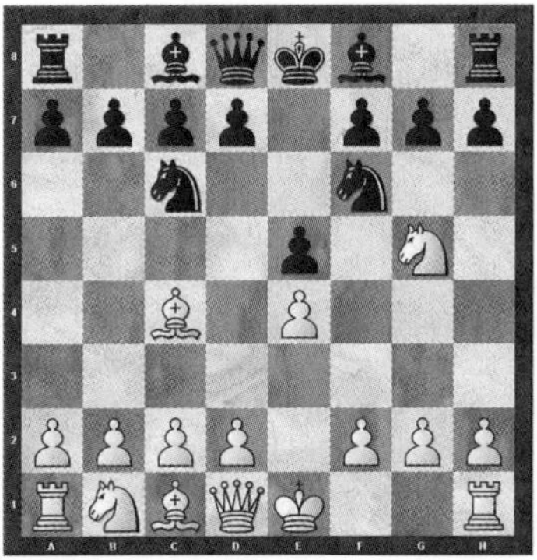

Diagramm 49

Jetzt muss Schwarz sich umsichtig verteidigen, denn der Springer greift den bereits erwähnten Bauern f7 ein zweites Mal an und deckt dabei auch noch den Bauern auf e4. 4...d5 Schwarz opfert einen Bauern, verhindert aber die Drohung gegen f7, indem er seinen Bauern 2 Felder nach vorne schiebt und somit die Verbindung des Läufers nach f7 unterbricht. 5.exd5 Sa 5 (5...Sxd5 ist nicht zu empfehlen, denn nun hat Weiß ein gut analysiertes Figurenopfer, das den schwarzen König ins Zentrum treibt. 6.Sxf7 Kxf7 7.Df3+ Ke6 8.Sc 3 Scb4 9.De4 c6 10.a3 Sa 6 Und Schwarz muss sich aufgrund des offenen Königs jetzt Sorgen machen, in den nächsten Zügen Matt gesetzt zu werden. Sicherlich gibt es noch einen Weg, die Stellung zu halten, am

Ende des Tages ist dies jedoch keine Stellung, die man anstreben sollte.) 6.Lb5+ c6 7.dxc6 bxc6

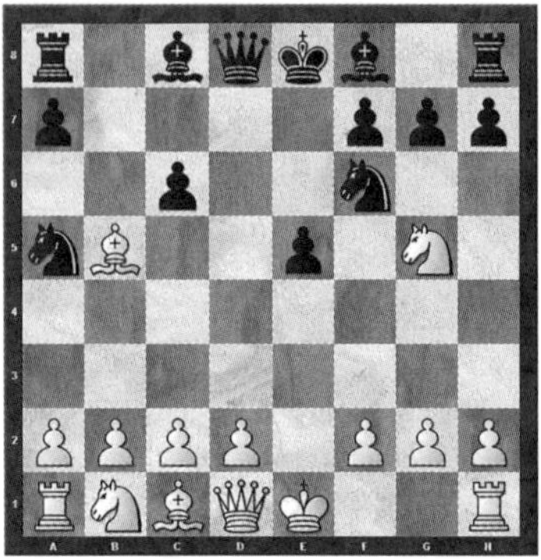

Diagramm 50

Schwarz hat einen Bauern geopfert. Dafür wird er es in der Folge leicht haben, seine Figuren zu entwickeln, da die Läufer nun freie Bahn in Richtung Zentrum haben. Das kann man vor allem von dem weißen schwarzfeldrigen Läufer nicht behaupten 8.Le2 h6 9.Sf 3 e4 10.Se 5 Ld6 11.d4 Hier geht die „Theorie" erst richtig los, an dieser Stelle möchte ich jedoch abbrechen, da wir noch am Anfang stehen und Sie jetzt bereits einen Eindruck haben, worum es in dieser Variante ungefähr geht.]

4.c3 (Zentrum besetzen) Der Bauer besetzt das Feld d4. Das ist ein Aspekt, aber auch das Feld c2 wird geräumt, im Verlauf mancher Varianten ein guter Platz für den weißfeldrigen Läufer.

4...Sf 6 (Zentrum besetzen und Figuren entwickeln) Ein sehr logischer Zug, den wir schon im 3. Zug gesehen haben.

Diesmal ist allerdings Sg 5 von Weiß keine Drohung, da wir den Punkt f7 mit der kurzen Rochade und somit mit Turm und König decken können.

5.d3 [5.d4 sieht nach dem Zug c3, als mögliche Vorbereitung für d4, sehr logisch aus. Aber es ist verfrüht, da die weiße Stellung einem solchen Vorstoß nur bedingt gewachsen ist. exd4 6.cxd4 Lb4+ 7.Ld2 Lxd2+ 8.Sbxd2 d5 Schwarz hat alles erreicht, was wir in unseren Eröffnungsregeln festgehalten haben.]

5...d6 (Zentrum besetzen)

6.0–0 (Königssicherheit)

6...0–0 (Königssicherheit)

7.Lb3

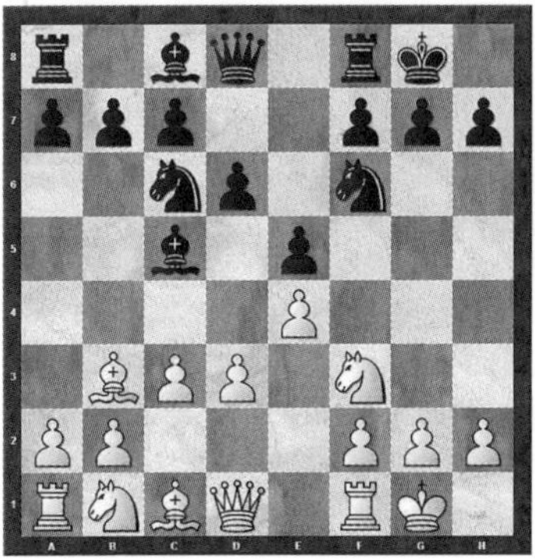

Diagramm 51

Dieser Zug stimmt mit keiner der Regeln überein. Allerdings wird der Läufer auf ein sichereres Feld gestellt und kann früher oder später weiter nach c2 gehen und auf der Diagonale b1–h7 auch gegen den schwarzen Königsflügel wirken.

7...a6 Auch wieder keine der bekannten Regeln, möchte man meinen. Trotzdem hat dieser Zug indirekt etwas mit der Figurenentwicklung zu tun. Wir haben den schwarzen Läufer, richtigerweise, aktiv ins Zentrum auf die Diagonale a7–g1 gestellt. Dort steht er so gut, dass wir ihm ein zusätzliches Feld zur Verfügung stellen, wo er hingehen kann, um außerhalb der Gefahrenzone zu gelangen. Dieses Feld ist a7, wo eben noch ein Bauer stand, der nun nach a6 gezogen wurde.

8.Sbd2 (Zentrum besetzen und Figuren entwickeln) Die nächste Figur wird ins Feld geführt. Auf d2 hat dieser Springer noch lange nicht sein Wunschfeld erreicht, aber es ist ein Anfang.

8...La7 Wie bereits erwähnt, will der Läufer da hin, um für die nächsten Züge Weiß auf der Diagonale zu beschäftigen. Das ist Schwarz 2 Züge wert.

9.h3 h6 10.Te1

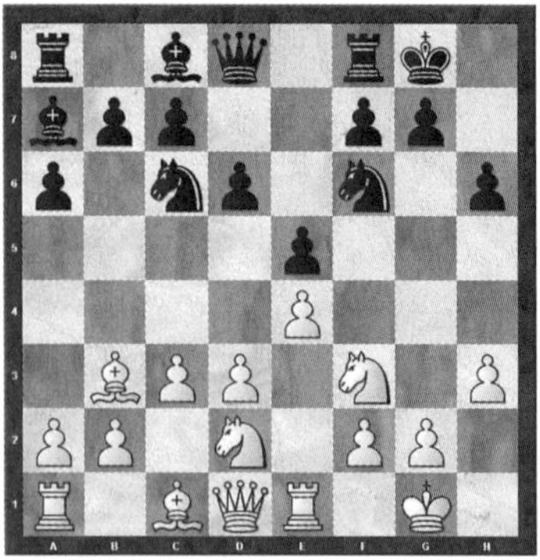

Diagramm 52

Das ist in gewisser Weise auch ein Entwicklungszug. Der Turm steht auf e1 besser, da sich beizeiten die e-Linie zu einem wichtigen Aspekt der Partie entwickeln könnte. Außerdem wird das Feld f1 geräumt. Dort möchte der Springer von d2 hin, um dann nach g3 zu streben, von wo aus er wiederum den schwarzen König angreifen kann. Schwarz indes hat sich sehr natürlich entwickelt und somit sind die Chancen nach der Eröffnung gleich verteilt.

Das Königsgambit

Im letzten Abschnitt zu den offenen Spielen werden wir romantisch und erinnern uns an die Zeiten, in denen es noch keine Computer und Schrankwände voller Bücher gab. Zeiten, in denen die Spieler nicht nur während, sondern auch vor der Partie tatsächlich mit ihrem eigenen Kopf denken mussten und keine Hilfsmittel zur Verfügung hatten. In diesen Zeiten war das Königsgambit diejenige Variante, die man spielen musste, wenn man etwas auf sich hielt. Wie ein mutiger Krieger opfert man mit Weiß bereits im zweiten Zug einen Bauern, schwächt teilweise seinen König, nur um das Zentrum und eine schnelle Entwicklung zu erhalten.

Diese Tage sind Geschichte. Computer sind vom Königsgambit nicht überzeugt und so findet es vor allem auf hohem Niveau kaum noch Anhänger. Dies ging so weit, dass eine der größten Schachnews-Internetseiten eines Tages meldete, das Königsgambit sei widerlegt worden. Alle, die übersahen, dass diese Nachricht am 1. April eingestellt wurde, glaubten das sogar.

Trotz all dem lohnt es sich, kurz das Königsgambit zu betrachten, denn bei Anfängern und Amateuren findet es immer noch Anklang.

1.e4 (Zentrum besetzen)

1...e5 (Zentrum besetzen)

2.f4 (Zentrum besetzen)

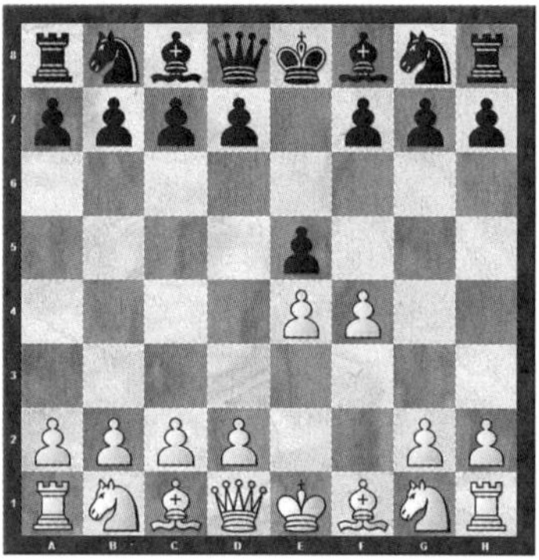

Diagramm 53

Dieser Zug leitet das Königsgambit ein. Er bietet den Bauern auf f4 zum Schlagen an. Die Überlegung dahinter ist, dass der e-Bauer nach dem Schlagen aus dem Zentrum abgelenkt wurde. Nun wollen wir uns an dieser Stelle mit drei prinzipiellen Antworten beschäftigen.

2...exf4 ist sicherlich eine der wichtigsten Antworten. Im Mittelspiel heißt es, man wiederlegt ein Opfer des Gegners am besten dadurch, dass man es annimmt. Nur so muss der Gegner zeigen, was er sich dabei eigentlich gedacht hat. In einer Eröffnungssituation liegt der Fall etwas anders, da die Ideen durch die Eröffnungstheorie eigentlich beiden Spielern bekannt sein sollten. Das bedeutet jedoch nicht, dass man das Opfer nicht annehmen sollte.

[2...Lc5 (Zentrum besetzen und Figuren entwickeln) Dies ist der Zug, den ich den meisten meiner Schüler empfehle. Dieser Zug folgt zwei der Eröffnungsregeln, will aber auch die Schwächung der Diagonale a7–g1 ausnutzen. Jetzt darf Weiß, abgesehen davon, dass er noch Springer und Läufer entwickeln muss, nicht kurz rochieren, solange der Läufer das Feld g1 kontrolliert. 3.Sf3 (Zentrum entwickeln und Figuren entwickeln)

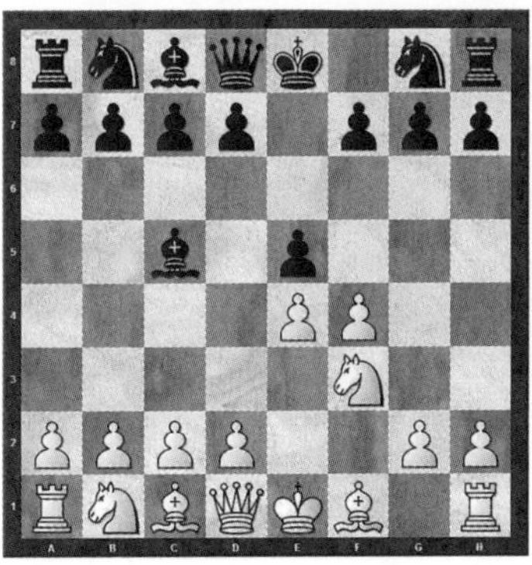

Diagramm 54

Der natürliche Zug. Der Springer geht auf sein natürliches Feld. Von hier aus greift er zum Beispiel den Bauer auf e5 an. (3.fxe5 So könnte Weiß einen Bauern gewinnen. Trotzdem ist das Schlagen des Bauern nicht zu empfehlen, denn es verliert aufgrund einer taktischen Sequenz den Turm auf h1. Aber sehen Sie selbst! 3...Dh4+ Ein Schach gegen den weißen König, das muss pariert werden. 4.g3 stellt sich zwischen König und Dame. 4...Dxe4+ Das nächste Schachgebot folgt, verbunden mit einem Angriff auf den Turm auf h1, beides kann Weiß nicht mehr parieren. 5.De2 Dxh1 Der Turm ist weg, keine Stellung, die man nach 5 Zügen gerne hätte.*)* 3...d6 (Zentrum besetzen) außerdem hilft er dem weißfeldrigen Läufer dabei sich zu entwickeln. 4.Sc 3 (Zentrum besetzen und Figuren entwickeln) 4...Sf 6 (Zentrum besetzen und Figuren entwickeln) 5.Lc4 (Figuren entwickeln und Zentrum besetzen) 5...Sc 6 (Figuren entwickeln und Zentrum besetzen) 6.d3 (Zentrum besetzen) 6...Lg4 (Figuren entwickeln)

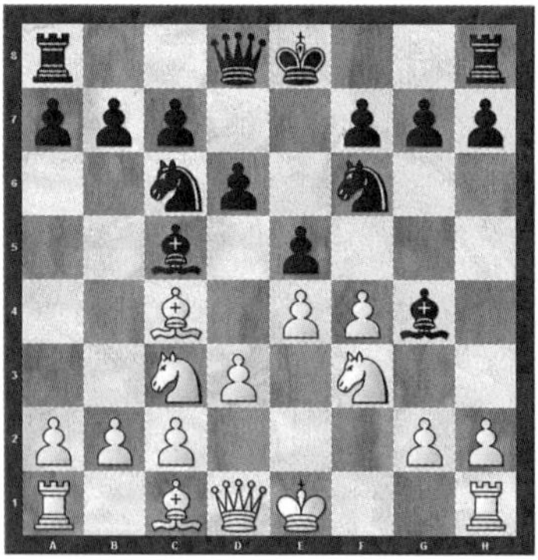

Diagramm 55

7.Sa 4 ist nach einigen Zügen wieder der erste Zug, der keiner der Regeln folgt. Außerdem habe ich bei den erklärenden Worten zu den Eröffnungsregeln geschrieben, dass man nach Möglichkeit in der Eröffnung jede Figur nur ein Mal ziehen sollte und nicht eine Figur hunderte Male. Hier haben wir eine klassische Ausnahme. Weiß versucht den

Läufer zu tauschen, der die kurze Rochade verhindert, um die Eröffnungsregel Königssicherheit umzusetzen. 7...Lb6 8.Sxb6 axb6 der Läufer ist getauscht, beide haben ihre Entwicklung abgeschlossen, eine „normale“ Partie kann beginnen!

Jetzt kommen wir zur zweiten Alternative zu exf4: 2...d5 (Zentrum besetzen)

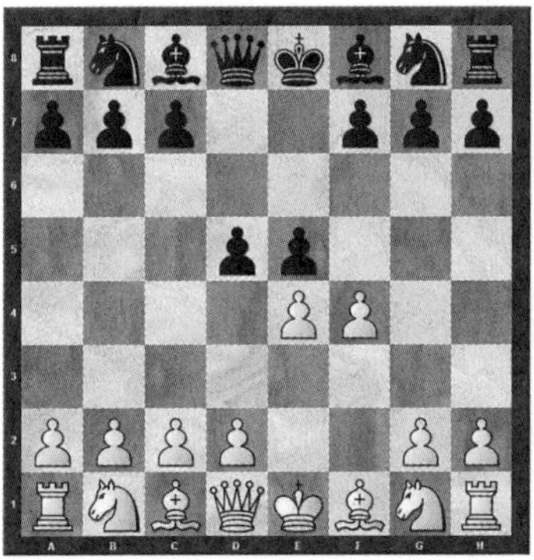

Diagramm 56

Dieser Zug folgt einer anderen wichtigen Regel, die eigentlich auch aus dem Mittelspiel kommt, nämlich einen Angriff/Vorstoß am Flügel immer mit einem Angriff/Vorstoß im Zentrum zu beantworten. Auch hier ist es natürlich so, dass der Fall bei einer Eröffnung ein wenig anders liegt. Nicht unerwähnt soll bleiben, dass 2...d5 ein Bauernopfer beinhaltet. Schwarz dreht also die weiße Idee um und will selber mit einem Bauern weniger für die entsprechende Kompensation spielen. 3.exd5 e4 Keine der Eröffnungsregel gelten bei den letzten beiden Zügen. Denn es wird bereits sehr früh sehr konkret und da werden allgemeine Regeln häufig außer Kraft gesetzt. 4.d3 soll den vorgerückten Bauern aus dem Weg schaffen. 4...Sf 6 (Zentrum besetzen und Figuren entwickeln) Schwarz deckt diesen Bauern und verbindet das mit einem sinnvollen Zug. 5.dxe4 Sxe4 6.Sf 3 (Zentrum besetzen und Figuren entwickeln) 6...Lc5 (Zentrum besetzen und Figuren entwickeln) 7.De2

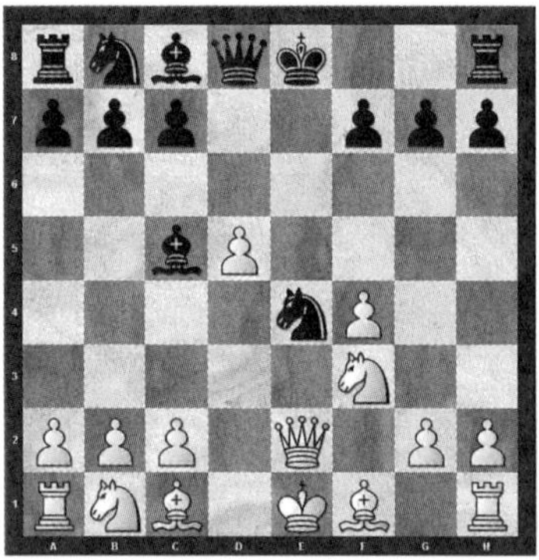

Diagramm 57

Ein Damezug in dieser frühen Phase ist ungewöhnlich. In diesem Fall, wie so häufig, gibt es aber bei Zügen außerhalb der Eröffnungsregeln einen konkreten Grund. In diesem Fall wird der Springer auf e4 angegriffen. 7...Lf5 (Zentrum besetzen und Figuren entwickeln) 8.Sc 3 (Zentrum besetzen und Figuren entwickeln. 8...De7 9.Le3 (Zentrum besetzen und Figuren entwickeln) Beide Seiten haben sich wieder entwickelt. Weiß hat einen Bauern mehr, Schwarz dafür ein bisschen Gegenspiel.]

3.Sf3 (Zentrum besetzen und Figuren entwickeln)

3...g5 Jetzt wird es wild, dieser Zug widerspricht eigentlich jeder Lehre von Entwicklung und Königssicherheit. Trotzdem erfreut sich diese Variante großer Beliebtheit. Denn durch diesen Zug wird der f4 gedeckt und es „droht" vor allem g4.

4.h4 g4 5.Se5 Der Springer wird auf f3 angegriffen. Weiß zentralisiert den Springer und greift den schwachen Punkt f7 an.

5...Sf6 (Zentrum besetzen und Figuren entwickeln) Endlich wird mal das gemacht, was bemühte internationale Meister in Schachlehrbüchern schreiben!

6.Lc4 (Zentrum besetzen und Figuren entwickeln) Und wieder ist der Zug Lc4 dazu da, den Punkt f7 aufs Korn zu nehmen. Jeder, der den Abschnitt zur Italienischen Eröffnung aufmerksam gelesen hat, weiß, welcher Zug nun folgt.

6...d5 (Zentrum besetzen)

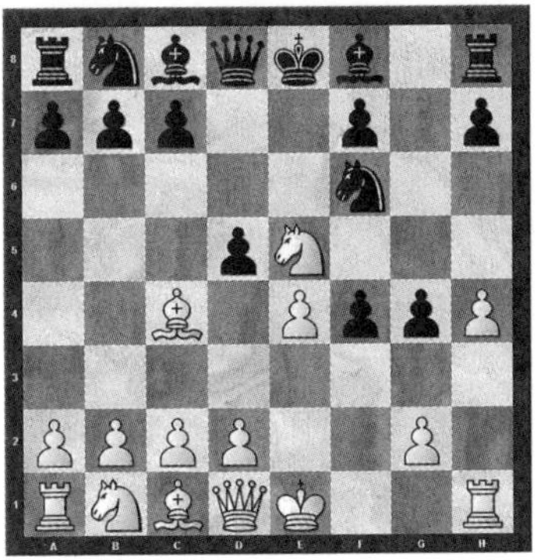

Diagramm 58

Wieder wird die Verbindung nach f7 unterbrochen, indem Schwarz mit d5 einen Bauern opfert.

7.exd5 Ld6 (Zentrum besetzen und Figuren entwickeln)

8.d4 (Zentrum besetzen)

8...Sh 5 Durch d4 wurde der Bauer auf f4 angegriffen. Dem wirkt Schwarz mit Sh 5 entgegen.

9.0–0 (Königssicherheit)

9...0–0 (Königssicherheit)

10.Sxg4 Weiß holt sich einen Bauern, die Stellung bleibt jedoch unklar.

Das war der Abschnitt über die offenen Spiele. Es gibt natürlich noch zahlreiche andere Varianten im Bereich der offenen Stellungen. Zunächst brauchen wir aber einen Überblick über die Eröffnungen, die Sie in den ersten Monaten Ihrer Schachkarriere aufs Brett bekommen werden. Ziel ist es nicht, dass Sie nach 10 Zügen gewinnen, da das nicht möglich ist. Ärgerlich ist jedoch, wenn man viel über das Mittelspiel weiß, zu dem wir noch kommen werden, es aber nicht schafft, bis dahin zu gelangen. Also bauen wir jetzt ein solides Fundament in der Eröffnung und fahren mit den halboffenen Spielen fort.

Halboffene Spiele

Zu den halboffenen Spielen gehört eine ganze Reihe von Eröffnungen. An dieser Stelle werden wir uns mit der Sizilianischen, der Französischen und der Caro-Kann-Verteidigung beschäftigen. Auch wieder mit dem Ziel, die Grundzüge der Eröffnung, besser des Eröffnungsspiels im Allgemeinen, besser zu verstehen.

Die Sizilianische Verteidigung

Die Sizilianische Verteidigung ist eine der dynamischsten Möglichkeiten für Schwarz auf 1.e4 zu antworten. Es gibt eine Vielzahl von Abwandlungen, die Schwarz spielen kann. Wir werden uns auf drei der zentralen Sizilianisch-Varianten beschränken.

1.e4 (Zentrum besetzen)

1...c5 (Zentrum besetzen)

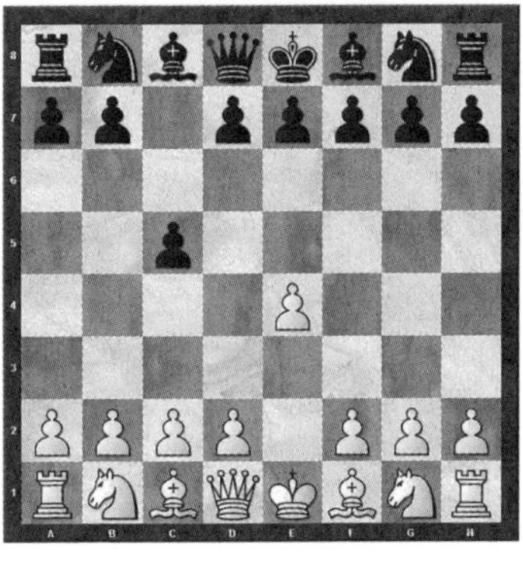

Diagramm 59

2.Sf 3 (Zentrum besetzen und Figuren entwickeln)

Leitet den sogenannten offenen Sizilianer ein, der sich vor allem über den 3. Zug d4 definiert, da sich dann Bauern im Zentrum tauschen. Der Grund, warum ich es bereits jetzt erwähne, ist, dass der geschlossene Sizilianer mit 2.Sc 3 gespielt wird, um dann später mit f4 fortzusetzen.

2...d6 (Zentrum besetzen)

3.d4 (Zentrum besetzen)

3...cxd4 4.Sxd4 Der letzte Zug von Weiß und Schwarz entsprach eigentlich keiner der bekannten Regeln der Eröffnung. Das macht jedoch nichts, da beide jeweils ein Mal keine Eröffnungsregel beachtet haben und somit kein Entwicklungsvorteil bzw. Nachteil für eine Seite entsteht.

4...Sf 6 (Zentrum besetzen und Figuren entwickeln)

5.Sc 3 (Zentrum besetzen und Figuren entwickeln)

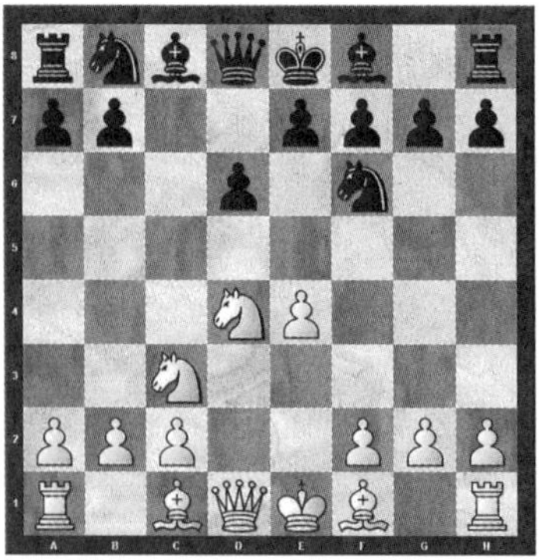

Diagramm 60

Außerdem muss der Bauer auf e4 gedeckt werden. An dieser Stelle werden wir uns drei Züge anschauen, die alle sehr häufig gezogen werden.

5...a6 trägt nicht zur Entwicklung oder zur Stärkung des Zentrums bei. Dieser Zug definiert vielmehr die Najdorf-Variante im Sizilianer, benannt nach der Schachlegende Miguel Najdorf. Der Zug a6 ist einerseits ein Abwartezug, andererseits, und das ist der zentrale Punkt, deckt er das wichtige Feld b5 und bereitet damit den Bauernzug b7–b5 vor. [5...g6 leitet die sogenannte Drachenvariante in der Sizilianischen Verteidigung ein. Vor allem bei jungen Spielern sehr beliebt, da sie als Eröffnung mit hohem Angriffspotenzial gilt. Wie so häufig im Sizilianer, rochieren die Spieler in entgegengesetzte Richtungen, was einer Partie nochmal eine Extraportion Würze gibt. Bauer nach g6 bereitet die Entwicklung des Läufers nach g7 auf die lange Diagonale h8–a1 vor. 6.Le3 (Zentrum besetzen und Figuren entwickeln) 6...Lg7 (Figuren entwickeln) 7.f3 (Zentrum besetzen) Außerdem soll dieser Zug Schwarz davon abhalten, Sg 4 zu spielen. 7...0–0 (Königssicherheit) 8.Dd2 bereitet die lange Rochade und somit die Königssicherheit vor, das rechtfertigt den frühen Damezug. Außerdem würde Weiß gerne Lh6 spielen, um diesen Läufer gegen den starken Gegenpart auf g7 zu tauschen. Dd2 unterstützt diese Idee. 8...Sc 6 (Zentrum besetzen und Figuren entwickeln) 9.Lc4 (Zentrum besetzen und Figuren entwickeln) 9...Ld7 (Figuren entwickeln) 10.0–0–0 (Königssicherheit)

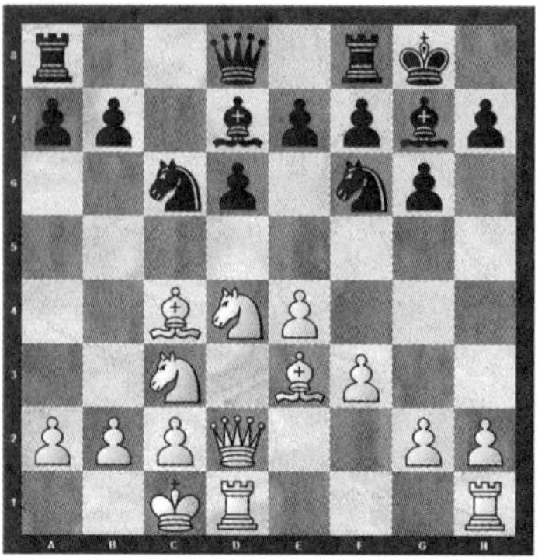

Diagramm 61

Beide Seiten haben ihre Entwicklung sehr schnell abgeschlossen und in unterschiedliche Richtungen rochiert. Was jetzt folgen muss, ist ein direkter Angriff auf den jeweilig gegnerischen König, vor allem mit Hilfe der Bauern.

5...Sc 6 (Zentrum besetzen und Figuren entwickeln) wird als klassischer Sizilianer bezeichnet, aber nicht so häufig gespielt wie die Hauptvariante. Dennoch ein interessanter und logischer Zug. 6.Lg5 (Figuren entwickeln) 6...e6 (Zentrum besetzen) 7.Dd2 wieder Dd2, ein zentraler Zug im offenen Sizilianer, denn Weiß möchte lang rochieren und deshalb muss die Dame aus dem Weg. 7...a6 8.0–0–0 (Königssicherheit) 8...Ld7 (Figuren entwickeln) 9.f4 (Zentrum besetzen) 9...b5

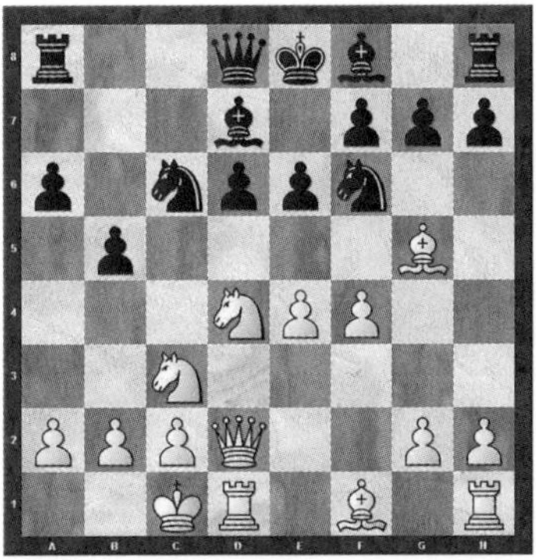

Diagramm 62

Schwarz entscheidet sich, dass sein König nicht so wichtig ist und auch seine Entwicklung des Königsflügels zurückstehen kann. Wichtig scheint ihm zu sein, dass Weiß lang rochiert hat und er weiß, wo er angreifen muss. 10.Lxf6 gxf6 11.Kb1 Db6]

6.Le3 (Zentrum besetzen und Figuren entwickeln)

6...e5 (Zentrum besetzen)

7.Sb 3 Weiß muss die angegriffene Figur von d4 retten.

7...Le6 (Zentrum besetzen und Figuren entwickeln)

8.f3 (Zentrum besetzen)

8...Le7 (Figuren entwickeln)

9.Dd2 und zum dritten Mal sehen wir diesen Damezug, der die lange Rochade vorbereitet.

9...0–0 (Königssicherheit)

10.0–0–0 (Königssicherheit)

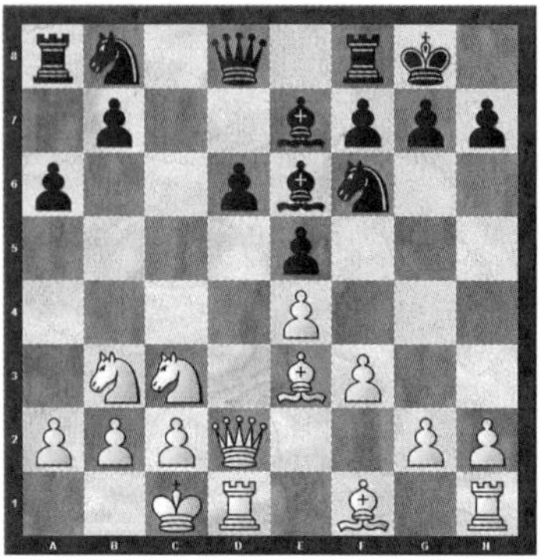

Diagramm 63

10...Sbd7 (Zentrum besetzen und Figuren entwickeln)

11.g4 b5 und beide Seiten fangen an, mit den Bauern auf den gegnerischen König zuzulaufen. Auch wenn Schach normalerweise ein sehr schwieriges Spiel ist, kann man hier sicherlich zusammenfassend sagen: Wer zuerst beim gegnerischen König ist, gewinnt die Partie.

Die Französische Verteidigung

Nachdem ich viele Jahre verschiedene Abspiele getestet hatte, bin ich zur Französischen Verteidigung gewechselt, ohne die sizilianische Verteidigung komplett aufzugeben. Die Französische Verteidigung ist, nach meinem Gefühl, deutlich weniger forciert und lässt mehr Luft, eigene Ideen einzubringen. Da ich mich als Jahrgang 1990 schon ziemlich erfahren fühle, kommt mir das entgegen. Es gibt den sogenannten französischen Läufer in der Französischen Verteidigung. Der Namensgeber dieses Läufers ist der weißfeldrige Läufer, der durch die eigenen Bauern umzingelt ist und ums Verderben nicht aktiv wird. Damit muss Schwarz leben, wenn er im Gegenzug eine sehr gesunde Bauernstruktur haben möchte.

1.e4 (Zentrum besetzen)

1...e6 (Zentrum besetzen)

2.d4 (Zentrum besetzen)

2...d5 (Zentrum besetzen)

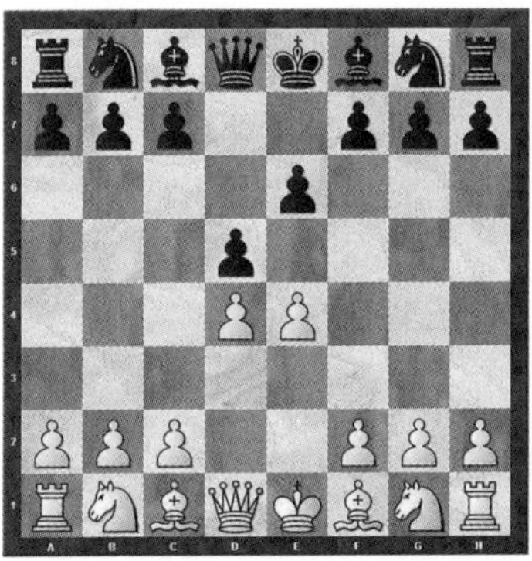

Diagramm 64

Nun gibt es wieder drei Möglichkeiten, aus denen Weiß eine wählen kann und auf die Schwarz jeweils eine Antwort braucht.

3.e5 Die Vorstoßvariante. Grund für diesen Namen ist das frühe Vorziehen ins gegnerische Lager. Wie wir gleich sehen werden, gibt es auch einer Vorstoßvariante in der Caro-Kann-Verteidigung. [3.Sd 2 (Zentrum besetzen und Figuren entwickeln) Wird Tarrasch-Variante, nicht zu verwechseln mit der Tarrasch-Verteidigung, genannt. Wieder gibt es einen berühmten Schachspieler vergangener Tage als Namensgeber: Siegbert Tarrasch. 3...Sf 6 (Zentrum besetzen und Figuren entwickeln) Die Alternative zu diesem Zug ist 3...c5. Damit wollen wir uns aber nicht aufhalten. 4.e5 Der Springer auf f6 wird direkt angegriffen. 4...Sfd7 Dieser muss natürlich reagieren und tut dies, indem er nach d7 geht und den e5 angreift. Nun werden Sie sagen, der e5 ist doch vom Bauern auf d4 gedeckt. Stimmt! Allerdings wird dieser Bauer auf e5 in wenigen Zügen zum Ziel der schwarzen Bemühungen. 5.Ld3 (Zentrum besetzen und Figuren entwickeln) 5...c5 (Zentrum besetzen) 6.c3 (Zentrum besetzen) konkret, um den d4 zu beschützen. 6...Sc 6 (Zentrum besetzen und Figuren entwickeln) Weiter wird Druck von Schwarz gegen die weißen Zentralbauern gemacht. Weiß indes verweist auf seinen Raumvorteil. 7.Se 2 (Zentrum besetzen und Figuren entwickeln)

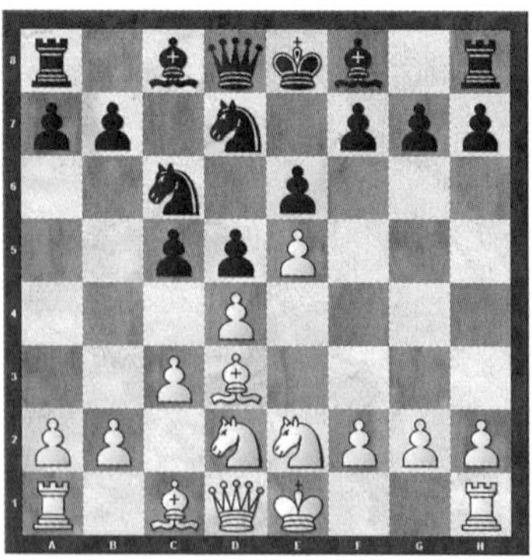

Diagramm 65

Der Springer zieht in den meisten Eröffnungen nach f3, in dieser Stellung ist jedoch Se 2 der meistgespielte Zug. Er lässt Weiß die meisten Optionen offen. Zum Beispiel f2–f4 zu spielen oder den Springer nach c3 bzw. f4 zu stellen. 7...cxd4 8.cxd4 f6 (Zentrum besetzen) Wieder ein ungewöhnlicher Zug, vor allem in einer so frühen Phase der Partie. Allerdings muss Schwarz früh beginnen, das weiße Zentrum zu attackieren, um nicht zu sehr unter dem Raumnachteil zu leiden. 9.exf6 Sxf6 10.Sf 3 (Zentrum besetzen und Figuren entwickeln) 10...Ld6 (Zentrum besetzen und Figuren entwickeln) 11.0–0 (Königssicherheit) Hier geht es in der Theorie noch viele, viele Züge weiter – und zugegeben, es juckt mich in den Fingern, auf den nächsten hundert Seiten über diese Variante und die Zeit, die ich mit ihrer Analyse zugebracht habe, zu schreiben. Aber da ich zumindest hier Selbstdisziplin beweisen will, verkneife ich mir das.

3.Sc 3 (Zentrum besetzen und Figuren entwickeln) Eine andere Möglichkeit, den Springer zu entwickeln. Dieser Zug hat, wie so vieles im Schach, seine Vor- und Nachteile. Ein Vorteil gegenüber Sd 2 ist, dass er 2 Zentrumsfelder, e4 und d5, besetzt. Ein Nachteil ist, dass er folgenden Zug zulässt: 3...Lb4 (Figuren entwickeln) Dieser Zug geht nach Sd 2 nicht, da man in der Variante Bauer c2–c3 spielen könnte und dem Läufer einen Tritt gibt. Hier liegt der Fall anders, denn der Springer steht jetzt auf c3 und somit ist Lb4, die sogenannte Winawer-Variante, möglich. In dieser Eröffnungsvariante kommen die Regeln nicht allzu häufig zum Tragen. 4.e5 c5 (Zentrum besetzen)

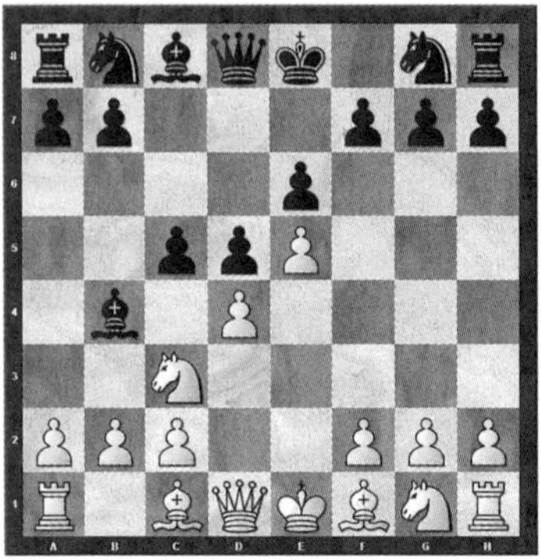

Diagramm 66

5.a3 Lxc3+ 6.bxc3 Se 7 (Zentrum besetzen und Figuren entwickeln) 7.Dg4 Dc7 8.Dxg7 Tg8 9.Dxh7 cxd4 10.Se 2 Sbc6 11.f4 Ld7 Und auch hier gilt, die analysierten Varianten gehen noch buchfüllend weiter.]

3...c5 (Zentrum besetzen)

4.c3 (Zentrum besetzen) um den d4-Bauern beschützen.

4...Sc 6 (Zentrum besetzen und Figuren entwickeln)

5.Sf 3 (Zentrum besetzen und Figuren entwickeln)

5...Db6 Passt nicht in die bisherigen Züge, da wir uns in dieser Variante strikt an die Regeln gehalten haben. Es allerdings bereits zu einem frühen Zeitpunkt ratsam, den richtigen Plan zu finden. Der richtige Plan ist in diesem Fall, sich auf den d4 zu stellen.

6.a3 c4 7.Sbd2 (Zentrum entwickeln und Figuren entwickeln)

7...Sa 5

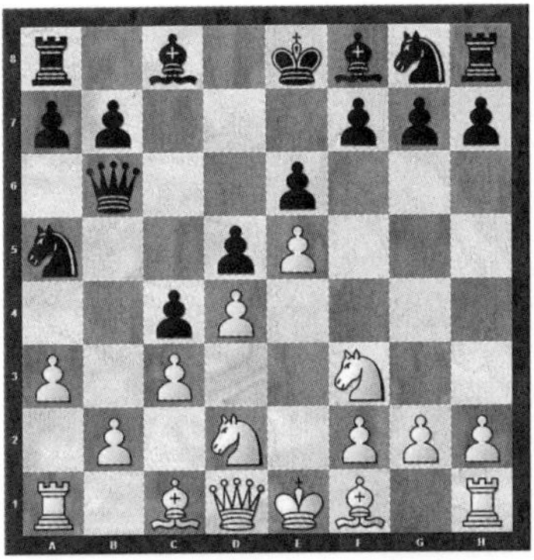

Diagramm 67

Die entstandene Stellung ist sehr verschachtelt, und da sie sich in absehbarer Zeit nicht öffnen wird, ist die Entwicklung nicht mehr so wichtig wie in offeneren Stellungen. Der Springer möchte über a5 das Feld b3 erreichen.

8.Le2 (Figuren entwickeln)

8...Ld7 (Figuren entwickeln)

9.0–0 (Königssicherheit)

9...Se 7 (Zentrum besetzen und Figuren entwickeln)

10.Tb1 Dc7

Die Caro-Kann-Verteidigung

Zu guter Letzt beschäftigen wir uns mit der Caro-Kann-Verteidigung bei den halboffenen Spielen. Diese Verteidigung hat einen entscheidenden Vorteil gegenüber der Französischen Verteidigung: Man kann den weißfeldrigen Läufer entwickeln. Das ist überaus vorteilhaft, auch wenn er meistens schnell abgetauscht wird. Der Nachteil gegenüber der Französischen Verteidigung ist, dass es länger dauert, bis man mit c5 im Zentrum aktiv werden kann.

1.e4 (Zentrum besetzen)

1...c6 (Zentrum besetzen)

2.d4 (Zentrum besetzen)

2...d5 (Zentrum besetzen)

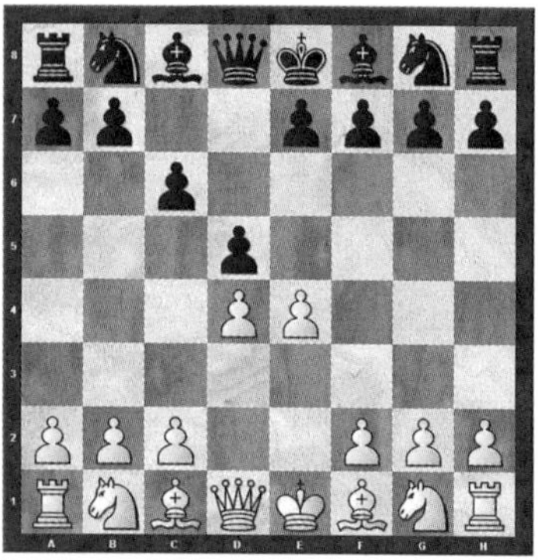

Diagramm 68

3.e5 So wie in der Französischen Verteidigung, gibt es auch hier die Vorstoß-Variante. [3.Sc 3 (Zentrum besetzen und die Figuren entwickeln) 3...dxe4 4.Sxe4 Lf5 (Zentrum besetzen und Figuren entwickeln) 5.Sg 3 Der Springer musste gezogen werden, denn er wurde durch den letzten schwarzen Zug angegriffen. Mit Springer nach g3 greift dieser Springer wiederum den Läufer auf f5 an. 5...Lg6 Und deshalb muss auch der Läufer weichen. 6.h4 Was ist das für ein komischer Zug? Normalerweise würde man sagen, so einen Zug machen nur Anfänger. Weit gefehlt, diesen Zug haben schon Weltmeister gezogen! Der Grund ist einfach, denn der Bauer soll im nächsten Zug nach h5 gezogen werden und den Läufer angreifen. Wenn Schwarz keine Gegenmaßnahmen ergreift, hätte der Läufer auf g6 kein Feld mehr, auf das er ungestraft gehen könnte. 6...h6 Schwarz macht ein Feld, das Feld h7, frei, um den Läufer im Notfall dort abstellen zu können. 7.Sf 3 (Zentrum besetzen und Figuren entwickeln) 7...Sd 7 (Zentrum besetzen und Figuren entwickeln)

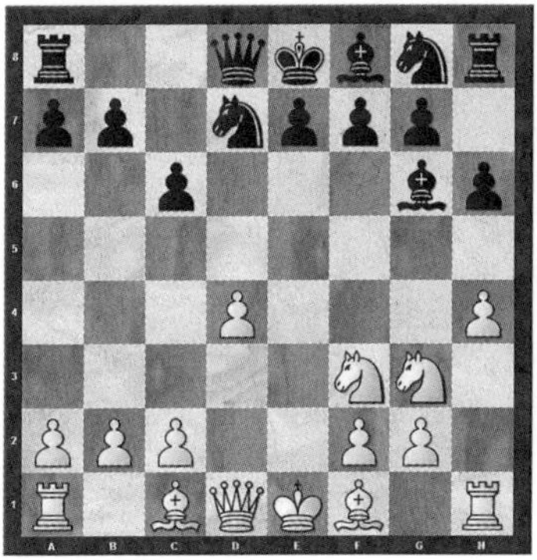

Diagramm 69

8.h5 Lh7 9.Ld3 (Zentrum besetzen und Figuren entwickeln) Das Ziel dieses Zuges ist es, den Läufer auf h7, der bereits drei Mal gezogen hat, zu tauschen und dann mit einem Entwicklungsvorsprung weiter Druck zu machen. 9...Lxd3 10.Dxd3 Weiß hat nichts dagegen, die Dame zum Schlagen zu benutzen, denn gerne möchte Weiß lang rochieren. 10...e6 (Zentrum besetzen) 11.Lf4 (Zentrum besetzen und Figuren entwickeln) 11...Da5+ 12.Ld2 Dc7 13.0–0–0 (Königssicherheit)

3.exd5 Der Panow-Angriff wird gelegentlich angewandt, gilt aber aus Weißsicht als zu „remisverdächtig" 3...cxd5 4.c4 (Zentrum besetzen) 4...Sf 6 (Zentrum besetzen und Figuren entwickeln) 5.Sc 3 (Zentrum besetzen und Figuren entwickeln) 5...e6 (Zentrum besetzen) 6.Sf 3 (Zentrum besetzen und Figuren entwickeln) 6...Lb4 (Figuren entwickeln) 7.cxd5 Sxd5 8.Ld2 (Figuren entwickeln 8...Sc 6 (Zentrum besetzen und Figuren entwickeln 9.Ld3 (Zentrum besetzen und Figuren entwickeln 9...0–0 (Königssicherheit) 10.0–0 (Königssicherheit)

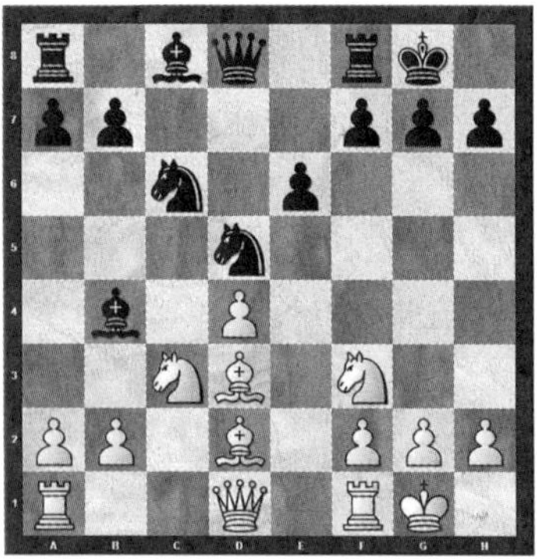

Diagramm 70

Beide Seiten haben die ganze Partie über logische Züge gemacht und somit ist eine normale Stellung entstanden.]

3...Lf5 (Zentrum besetzen und Figuren entwickeln)

4.Sf 3 (Zentrum besetzen und Figuren entwickeln)

4...e6 (Zentrum besetzen)

5.Le2 (Figuren entwickeln)

5...Sd 7 (Zentrum besetzen und Figuren entwickeln)

6.0–0 (Königssicherheit)

6...Se 7 (Zentrum besetzen und Figuren entwickeln)

7.Sh 4 obligatorisch für die Variante. Weiß macht sich auf die Jagd nach dem schwarzen Läufer.

7...Lg6 8.Sd 2 (Zentrum besetzen und Figuren entwickeln)

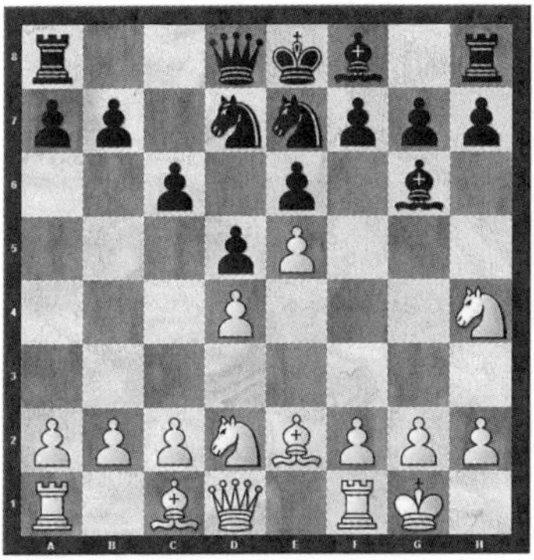

Diagramm 71

8...c5 (Zentrum besetzen)

9.c3 (Zentrum besetzen)

9...Sc 6 (Zentrum besetzen und Figuren entwickeln) Genau genommen hat der Springer ja schon ein Mal gezogen. Trotzdem muss man anerkennen, dass der Springer besser auf c6 steht, als auf e7. Außerdem macht er von c6 aus Druck gegen das weiße Zentrum und der schwarzfeldrige Läufer kann endlich ziehen.

10.Sxg6 hxg6 11.Sf 3 Beide Seiten haben ihre Wunschaufstellung erreicht, ab jetzt wird Schach gespielt!

Diese Variante bildet den Abschluss zu dem Eröffnungsteil Halboffene Spiele. Jetzt widmen wir uns den geschlossenen Spielen.

Geschlossene Spiele

Die geschlossenen Spiele umfassen hauptsächlich die Varianten nach 1.d4 und 1.c4. Im Folgenden werden wir vier Varianten aus diesem Bereich anschauen. Allerdings gibt es auch hier etliche weitere Varianten, die den Rahmen sprengen würden, aber trotzdem häufig gespielt werden.

Das Damengambit

Das Königsgambit haben wir bereits besprochen. Im Gegensatz dazu ist das Damengambit eine der Favoriten der Weltstars im Schach. Dieses Gambit ist gerechtfertigt und wird äußerst selten angenommen. Der zentrale Grund dafür ist, dass das Damengambit im Gegensatz zum Königsgambit nicht gefährlich für den weißen König werden kann.

1.d4 (Zentrum besetzen)

2...d5 (Zentrum besetzen)

2.c4 (Zentrum besetzen)

2...e6 (Zentrum besetzen) e6 ist das sogenannte abgelehnte Damengambit. Man hat den angebotenen Bauer ja nicht geschlagen. Diese Fortsetzung wird häufiger gewählt als das Schlagen auf c4. [2...dxc4 Wenn es ein abgelehntes Damengambit gibt, dann gibt es natürlich auch ein angenommenes. Schwarz sollte sich jedoch bewusst sein, dass der Mehrbauer nur ein temporäres Vergnügen darstellt, da Weiß gute Chancen hat diesen Bauer zurückzugewinnen. 3.Sf 3 (Zentrum besetzen und Figuren entwickeln) 3...Sf 6 (Zentrum besetzen und Figuren entwickeln) 4.e3 (Zentrum besetzen) dieser Zug ist mit der Drohung verbunden den Bauer auf c4 mit dem Läufer zu schlagen, jeder Versuch von Schwarz diesen zu decken würde die schwarze Stellung zu sehr schwächen. 4...e6 (Zentrum besetzen) 5.Lxc4 (Zentrum besetzen und Figuren entwickeln) Außerdem natürlich den Bauer schlagen. 5...c5 (Zentrum besetzen) 6.0–0 (Königssicherheit) 6...a6 7.a4

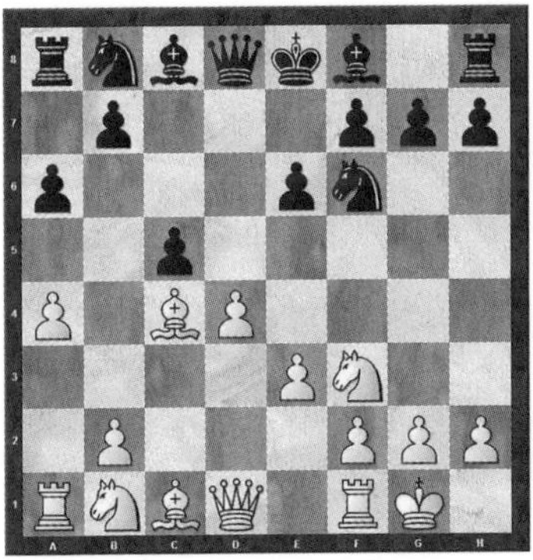

Diagramm 72

Züge die auch in der Eröffnung durchaus mal eingeschoben werden. 7...Sc 6 (Zentrum besetzen und Figuren entwickeln) 8.Sc 3 (Zentrum besetzen und Figuren entwickeln) 8...Le7 (Figuren entwickeln) 9.De2 cxd4 10.Td1 e5 Ebenfalls eine interessante Variante, aber man muss sehr aufpassen mit Schwarz, dass die Gier nach dem Bauer sich nicht als Fehler erweist.]

3.Sc 3 (Zentrum besetzen und Figuren entwickeln)

3...Sf 6 (Zentrum besetzen und Figuren entwickeln)

4.Sf 3 (Zentrum besetzen und Figuren entwickeln)

4...Le7 (Figuren entwickeln)

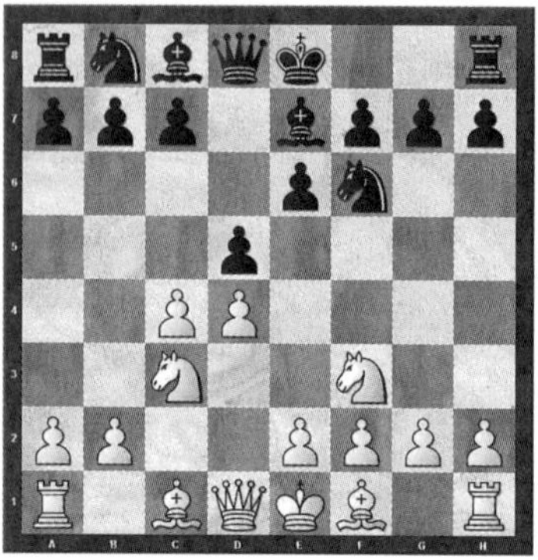

Diagramm 73

Jetzt möchte Weiß den schwarzfeldrigen Läufer entwickeln um anschließen mit e3 das Zentrum zu stützen. Hier hat Weiß nun aber zwei Möglichkeiten, wo er den Läufer abstellen kann.

5.Lg5 (Figuren entwickeln) ist der Hauptzug. Er baut direkt Druck gegen den Springer auf, der wichtig für die Stabilität des Zentrums ist. [5.Lf4 (Zentrum besetzen und Figuren entwickeln) Die etwas ruhiger Herangehensweise. Der Läufer greift keine Figur direkt an, lediglich den Bauer auf c7. Dafür muss sich Weiß nicht mit allzu konkreten Varianten beschäftigen und kann sich in Ruhe weiterentwickeln. 5...0–0 (Königssicherheit) 6.e3 (Zentrum besetzen) 6...c5 (Zentrum besetzen) 7.dxc5 Lxc5 8.Dc2

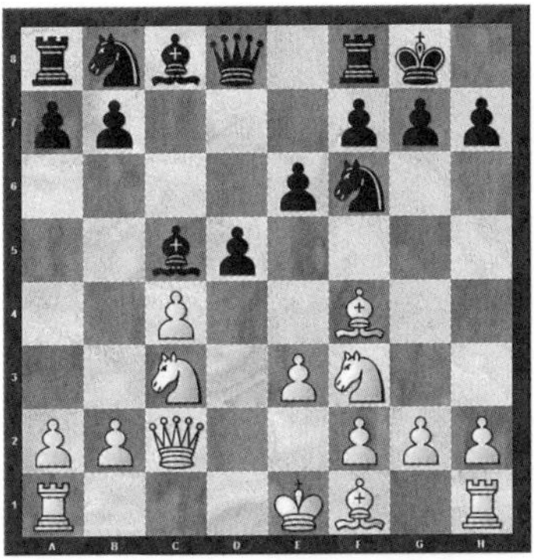

Diagramm 74

Spätestens dieser Zug passt auf den ersten Blick zu keiner der Regeln. Aber auf den zweiten Blick wird klar, dass mit diesem Zug mal wieder die lange Rochade vorbereitet wird. 8...Sc 6 (Zentrum besetzen und Figuren entwickeln 9.a3 Da5 10.0–0–0 (Königssicherheit) 10...Le7 Die Entwicklung wurde abgeschlossen, was ist jetzt also zu tun? Ein Angriff mit Bauern gegen den gegnerischen König! 11.g4]

5...0–0 (Königssicherheit)

6.e3 (Zentrum besetzen)

6...Sbd7 (Zentrum besetzen und Figuren entwickeln)

7.Tc1 Wieder einer dieser Züge, die keiner Regel entsprechen, aber eine Menge Sinn ergeben. Der Turm stellt sich, nachdem der Dameflügel entwickelt ist, auf die Linie, die sich am schnellsten öffnen wird.

7...c6 (Zentrum besetzen)

8.Ld3 (Zentrum besetzen und Figuren entwickeln)

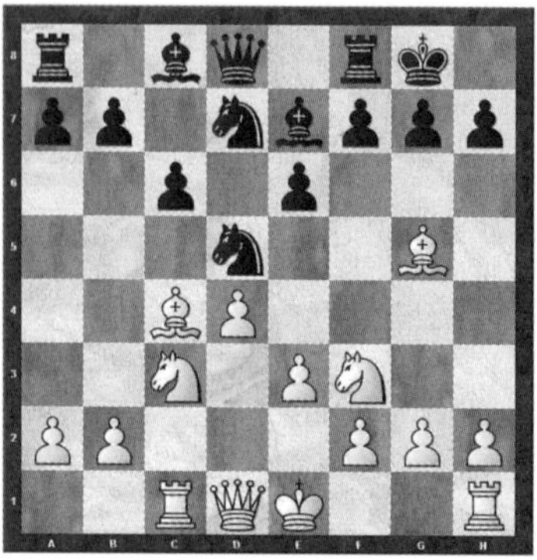

Diagramm 75

8...dxc4 9.Lxc4 Sd 5 (Diagramm 75) ist zwar nicht direkt ein Entwicklungszug, aber den Springer zu zentralisieren ist sicherlich eine Verbesserung für den Springer.

10.Lxe7 Dxe7 11.0–0 (Königssicherheit)

Sxc3 12.Txc3

Das war das Damengambit in beiden Varianten angenommen und abgelehnt, jetzt werden wir mit der Königsindischen Verteidigung gegen 1.d4 fortfahren, die sich vor allem bei Angriffsspielern einer großen Beliebtheit erfreut.

Königsindische Verteidigung

1.d4 (Zentrum besetzen) Diesen Zug kennen wir schon aus dem Damengambit, aber schon der erste schwarze Zug wird eine Abweichung darstellen.

1...Sf 6 (Zentrum besetzen und Figuren entwickeln)

2.c4 (Zentrum besetzen)

2...g6 Keine Regel, allerdings bereitet dieser Zug die Entwicklung des Läufers nach g7 vor. Schwarz wird versuchen, erst komplett den Königsflügel zu entwickeln, bevor er sich um seinen Damenflügel kümmert.

3.Sc 3 (Zentrum besetzen und Figuren entwickeln) Weiß macht es genau umgekehrt, er besetzt das Zentrum und entwickelt den Dameflügel, dafür bleibt der König ein wenig länger in der Mitte.

3...Lg7 (Figuren entwickeln) Der Läufer wurde optimal auf die lange Diagonale entwickelt.

4.e4 (Zentrum besetzen)

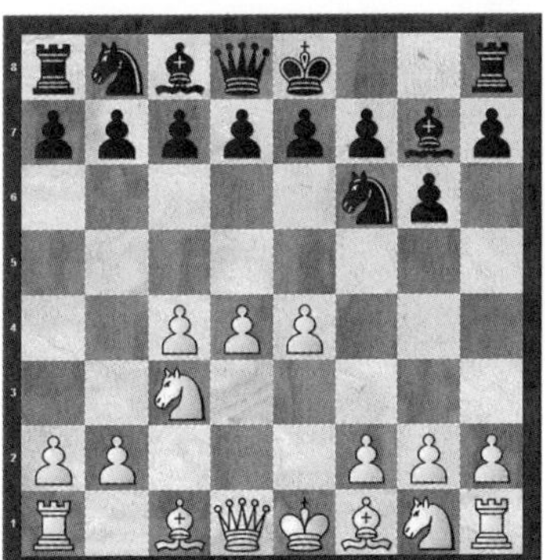

Diagramm 75.1

Weiß hat es geschafft, in den ersten 4 Zügen 3 Bauern ins Zentrum zu stellen. Das bringt ihm gehörigen Raumvorteil ein. Schwarz wird versuchen, das zu seinem Vorteil zu nutzen. Seine bessere Entwicklung soll ihm dabei helfen, Dynamik gegen die schlechte weiße Entwicklung aufzubauen.

4...d6 (Zentrum besetzen)

5.Sf 3 (Zentrum besetzen und Figuren entwickeln) Statt Sf 3 gibt es an dieser zahlreiche Möglichkeiten für Weiß. Deshalb muss sich Schwarz, wenn er sich für die Königsindische Verteidigung entscheidet, sehr gut in der Theorie auskennen und auf jedes Abspiel, das von Weiß gewählt werden kann, eine passende Antwort parat haben. [5.f4 (Zentrum besetzen) Die Kontrolle im Zentrum könnte nicht größer sein: Vier (!) Bauern von Weiß stehen im Zentrum. Deshalb wird diese Variante der Königsindischen Verteidigung auch Vier-Bauern-Angriff genannt 5...0–0 (Königssicherheit) Schwarz hält stoisch und richtigerweise an seinem Plan der schnellen Entwicklung fest. 6.Sf 3 (Figuren entwickeln und Zentrum besetzen) 6...c5 (Zentrum besetzen) 7.d5 entspricht eigentlich keiner der 3 Eröffnungsregeln, aber schafft noch mehr Raum für die weißen Figuren, die sich nun hinter den vorgerückten Bauern postieren können. 7...e6 (Zentrum besetzen) Schwarz muss die weiße Dominanz im Zentrum brechen. 8.Le2 (Figuren entwickeln)

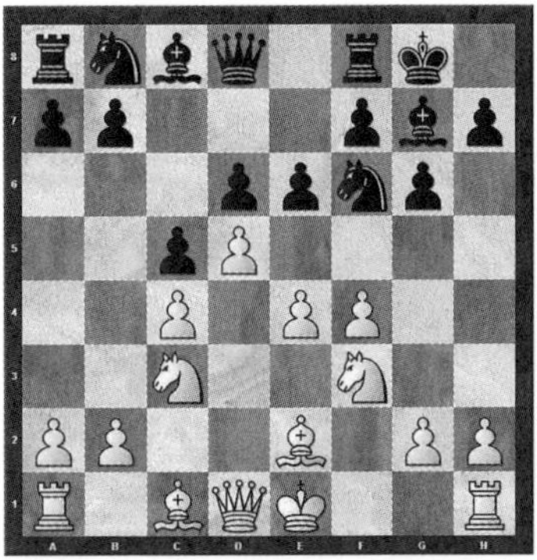

Diagramm 76

8...exd5 9.cxd5 Te8 „Türme gehören auf offene/halboffene Linien“ ist eine wichtige Regel im Mittelspiel. Offen bedeutet, dass auf einer Linie kein Bauer mehr steht, halboffen, dass dort nur noch ein Bauer steht, am besten ein gegnerischer, damit der Turm diesen angreifen kann. Das ist hier der Fall, Te8 belagert den Bauer auf e4.

5.f3 (Zentrum besetzen) Eine sehr solide Wahl, die „Sämisch-Variante“. Weiß deckt den Bauer auf e4 mit seinem f-Bauer und versucht somit dem Gegenspiel gegen den e-Bauern entgegenzuwirken. 5...0–0 (Königssicherheit) Schwarz lässt sich nicht beeindrucken und setzt mit dem normalen Aufbau fort. 6.Le3 (Zentrum besetzen und Figuren entwickeln) 6...e5 (Zentrum besetzen) Nachdem sich Schwarz am Königsflügel komplett entwickelt hat, wird nun das Zentrum geentert. 7.d5 Weiß zieht vorbei, um Raum zu gewinnen. 7...c6 (Zentrum besetzen) 8.Ld3 (Zentrum besetzen und Figuren entwickeln) 8...cxd5 9.cxd5 Sh 5 Dieser Springer hat bereits gezogen, allerdings folgt er einem klaren Plan. Der Springer geht dem f-Bauern aus dem Weg. 10.Sge2 (Figuren entwickeln und Zentrum besetzen)

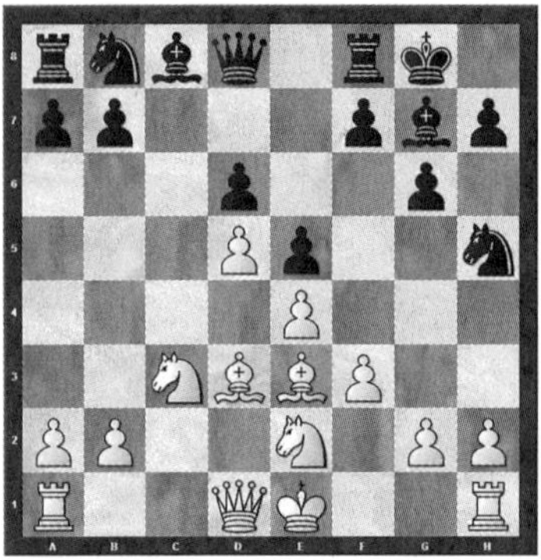

Diagramm 77

10...f5 (Zentrum besetzen) ist nicht der Hauptaspekt dieses Zuges. Es geht bereits um den Angriff auf den weißen König, der mit diesem Bauernsturm initiiert werden soll. 11.exf5 gxf5 12.0–0 (Königssicherheit)]

5...0–0 (Königssicherheit) Es ist früh wieder soweit, dass Schwarz seinen kompletten Königsflügel entwickelt hat. Dafür muss er, wie in den anderen Varianten, mit einer passiveren Stellung begnügen.

6.Le2 (Figuren entwickeln)

6...e5 (Zentrum besetzen) Diesmal ist es wieder der e-Bauer, der ins Zentrum vorstößt.

7.0–0 (Königssicherheit)

7...Sc 6 (Figuren entwickeln)

8.d5 (Zentrum besetzen) Weiß wartet auf diesen Zug, bis sich Schwarz entschieden hat, seinen Springer nach c6 zu stellen, damit dieser mit d5 direkt wieder angegriffen wird.

8...Se 7 Der Springer geht zurück, auf e7 steht er natürlich nicht so gut wie auf c6. Allerdings kann er den geplanten Bauernvorstoß f7–f51 unterstützen.

9.Se 1 Sd 7 In dieser Stellung geht der Springer nicht nach h5, da er dort vom Läufer auf e2 geschlagen werden könnte.

10.Sd 3 f5 11.Ld2 (Figuren entwickeln)

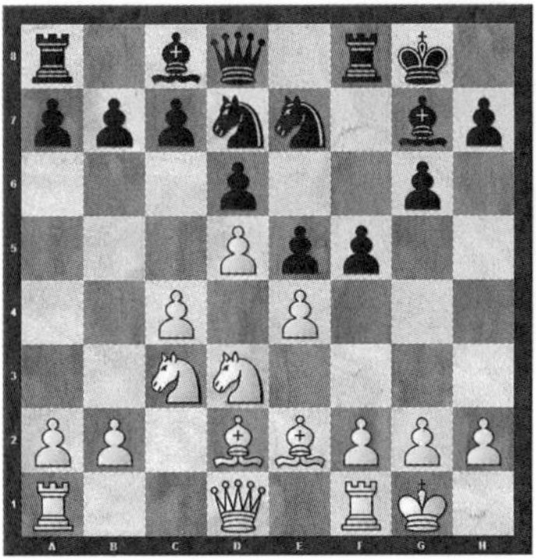

Diagramm 78

Eine sehr dynamische Stellung, bei der man unmöglich sagen kann, wer besser steht. Weiß möchte am Dameflügel angreifen, Schwarz am Königsflügel. Wer schneller ist gewinnt.

Die Slawische Verteidigung

1.d4 (Zentrum besetzen)

1...d5 (Zentrum besetzen) Diesen Zug kennen wir bereits aus dem Damengambit, genau genommen ist dies auch noch das Damengambit, wobei Schwarz mit seinem nächsten Zug in die Slawische Verteidigung übergeht.

2.c4 (Zentrum besetzen)

2...c6 (Zentrum besetzen) Dies ist die Slawische Verteidigung, ein sehr beliebtes System für Schwarz, aus dem sehr dynamische Stellungen entstehen können. Deshalb ist diese Eröffnung vor allem bei Taktikern beliebt.

3.Sc 3 (Zentrum besetzen und Figuren entwickeln)

3...Sf 6 (Zentrum besetzen und Figuren entwickeln)

4.Sf 3 (Zentrum besetzen und Figuren entwickeln)

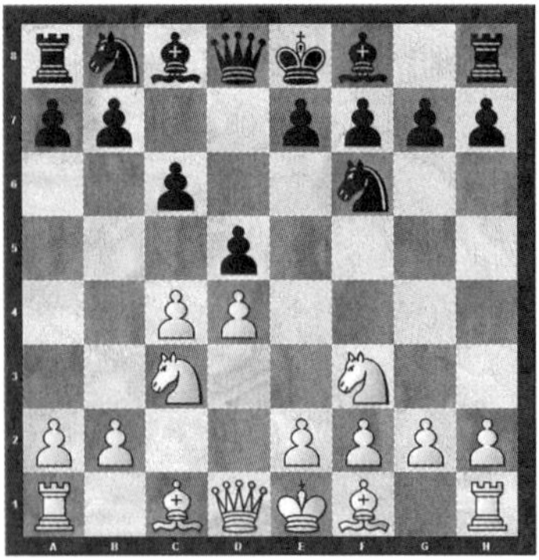

Diagramm 79

Nun hat Schwarz mal wieder eine Reihe von Möglichkeiten, ich werde im Folgenden die drei Beliebtesten aufführen, die zum Teil sehr unterschiedliche, zum Teil sehr ähnliche Ideen haben.

4...e6 (Zentrum besetzen) Außerdem wird die Entwicklung des schwarzfeldrigen Läufers ermöglicht, der in diesen Varianten eine zentrale Rolle spielt. Der Nachteil an e6 ist, dass nun der Läufer auf c8 mehr Probleme hat, sich vernünftig zu entwickeln. [4...dxc4 Ein sehr konsequenter Zug, der allerdings keiner der 3 wichtigen Regeln folgt. Schwarz nimmt den Bauern, der ungedeckt auf c4 steht, raus. Den wird er nicht lange behalten, aber die Situation im Zentrum wird geklärt. 5.a4 Wieder wird keine der Regeln eingehalten, trotzdem ist der Zug sinnvoll. Der Grund dafür ist, dass man nun den schwarzen Bauern auf c4, nicht mehr decken kann und somit kann Weiß den Bauern gleich entspannt abholen. 5...Lf5 (Zentrum besetzen und Figuren entwickeln) Zusätzlich verhindert dieser Zug Bauer e2 nach e4, der Bauer kann aber auch ein Feld weniger nach vorne gehen. 6.e3 (Zentrum besetzen) Jetzt greift der Läufer von f1 den Bauern auf c4 an. 6...e6 (Zentrum besetzen) 7.Lxc4 (Zentrum besetzen und Figuren entwickeln) Hinzu kommt, dass der gespielte Zug den Bauern schlägt, den Schwarz bisher mehr hatte.7...Lb4 8.0–0 (Königssicherheit) 8...0–0 (Königssicherheit) 9.De2 Sbd7 (Figuren entwickeln und Zentrum besetzen).

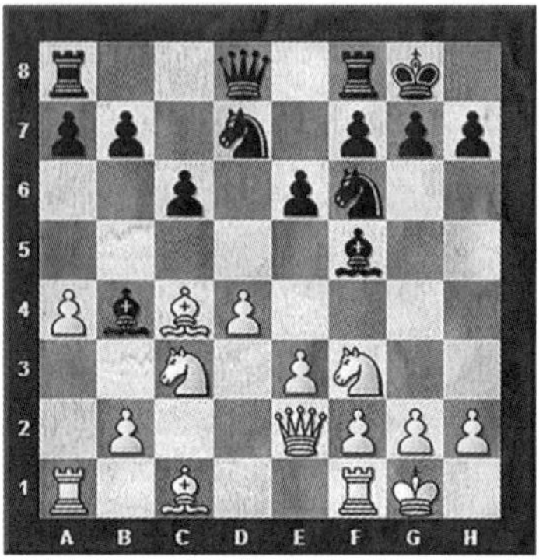

Diagramm 80

Ein typischer und sehr nützlicher Zug für diese Eröffnung, um den bisher nicht gezogenen Springer zu zentralisieren. 10.e4 (Zentrum besetzen) Auch wenn der Bauer bereits gezogen hat, fällt das abermalige Vorziehen unter die Kategorie „Zentrum besetzen".

4...a6 Diesen Zug kennen wir aus der Sizilianischen Verteidigung. Auch der Zug, a6 das Ziel b7–b5 zu ermöglichen. Die Hauptidee ist jedoch, einfach einmal abzuwarten, was Weiß eigentlich machen möchte. 5.e3 (Zentrum besetzen) 5...b5 Verkehrte Welt, wieder wird am Flügel gespielt. Aber wie es so häufig ist: zu jeder guten Regel gibt es auch Ausnahmen 6.b3 Lg4 (Figuren entwickeln) 7.Le2 (Figuren entwickeln 7...e6 (Zentrum besetzen) 8.0–0 (Königssicherheit) 8...Sbd7 (Zentrum besetzen und Figuren entwickeln) 9.h3 befragt den Läufer auf f3 9...Lh5 10.Lb2 (Figuren entwickeln) und indirekt wird auch das Zentrum überdeckt. 10...Ld6 (Zentrum besetzen und Figuren entwickeln) Auch waren wieder viele Züge entsprechend den

Regeln, selbst wenn man um einige Ausnahmen, wie gesehen, nicht umher kommt.]

5.e3 (Zentrum besetzen) Dieser Zug sichert zunächst das Zentrum ab und ermöglicht dem weißfeldrigen, sich zu entwickeln. Aber auch 5.Lg5 hat zahlreiche Anhänger und ist deutlich taktischer als e3. Auch hier muss ich Sie jedoch damit vertrösten, dass das Analysieren dieser Variante zu weit führen würde.

5...Sbd7 (Zentrum besetzen und Figuren entwickeln)

6.Ld3 (Zentrum besetzen und Figuren entwickeln)

6...dxc4 7.Lxc4 b5 8.Ld3 Lb7 (Figuren entwickeln)

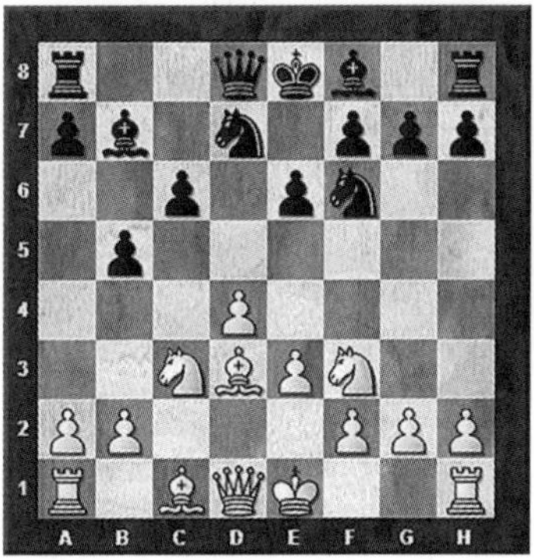

Diagramm 81

9.0–0 (Königssicherheit)

9...a6 Wieder dieser ominöse Zug a6. Diesmal ist er dazu da, b5 zu decken, damit man ungestraft c5 spielen kann, ohne anschließend eben jenen b5-Bauern zu verlieren.

10.e4 c5 11.d5

Die Englische Eröffnung

Wir haben uns intensiv mit einigen Möglichkeiten nach 1.e4 und 1.d4 beschäftigt. In einem Buch, das meinen Namen auf dem Cover hat, darf jedoch eine Eröffnung nicht fehlen: Die Englische Eröffnung. Mein Erstlingswerk habe ich über dieses Abspiel, das mit 1.c4 beginnt, verfasst. Außerdem wird die Englische Eröffnung auch auf dem höchsten Niveau immer häufiger angewandt. Die Varianten sind nicht so forciert, es gibt mehr Raum für eigene Ideen.

Mit 1.c4 endet der Abschnitt zu den Eröffnungen. Natürlich wurde hier nur ein Teil der sehr umfangreichen Theorie angerissen. Sie haben jetzt aber einen guten Eindruck von den Ideen, die hinter den einzelnen Anfangszügen stecken. Neben 1.c4, 1.d4 und 1.e4 gibt es noch zahlreiche andere Eröffnungszüge, die gespielt werden, auch wenn sie zahlenmäßig deutlich in der Minderheit sind, zum Beispiel 1.Sf3 (ein regelmäßiger Gast auf hohem Niveau), 1.g3, 1.b3, 1.b4 und einige weitere. Nun aber zurück zur Englischen Eröffnung.

1.c4 (Zentrum besetzen)

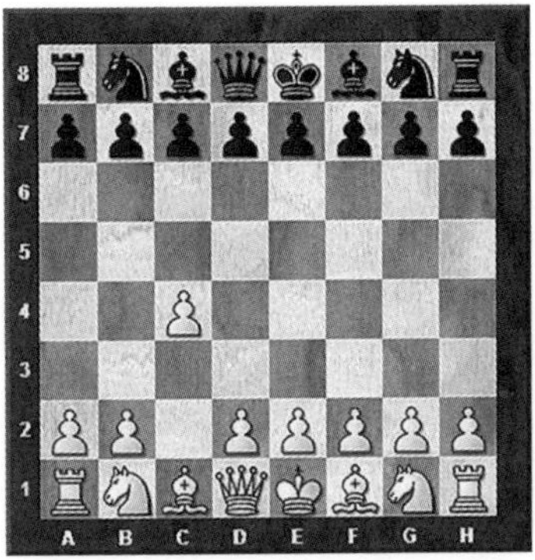

Diagramm 82

Auch wenn es kein Zentrumsbauer ist, kann man das Zentrum besetzen, der c-Bauer deckt nun das Feld d5.

1...Sf 6 (Zentrum besetzen und Figuren entwickeln) Einer der vielen Antworten auf c4, die hier nicht alle aufgeführt werden können. Sf 6 ist ein Zug, den jeder „Englisch-Spieler“ häufig vorgesetzt bekommt. [1...e5 (Zentrum besetzen) Diesen Zug sah man häufig in den spannenden Duellen zwischen Magnus Carlsen und Vladimir Kramnik. Dies ist eine Art Sizilianische Verteidigung mit vertauschten Farben, also mit einem Zug mehr für Weiß. Das macht es deutlich angenehmer zu spielen. 2.g3 bereitet die Entwicklung des Läufers nach g2 vor. 2...Sf 6 (Zentrum besetzen und Figuren entwickeln) 3.Lg2 (Zentrum besetzen und Figuren entwickeln) Der Läufer steht auf der viel beschriebenen langen Diagonalen sehr gut, denn er deckt enorm viele Felder ab und beschützt den König im Fall einer kurzen Rochade. 3...d5 (Zentrum besetzen) Wie in der „normalen“ Sizilianischen Verteidigung wird der d-Bauer ins

Zentrum gezogen, um gegen den c-Bauern getauscht zu werden. Damit ist einer der schwarzen Zentrumsbauern gleich weg, dafür hat Schwarz freie Hand bei der Entwicklung. 4.cxd5 reduziert die Macht von Schwarz im Zentrum 4...Sxd5 5.Sc 3 (Zentrum besetzen und Figuren entwickeln)

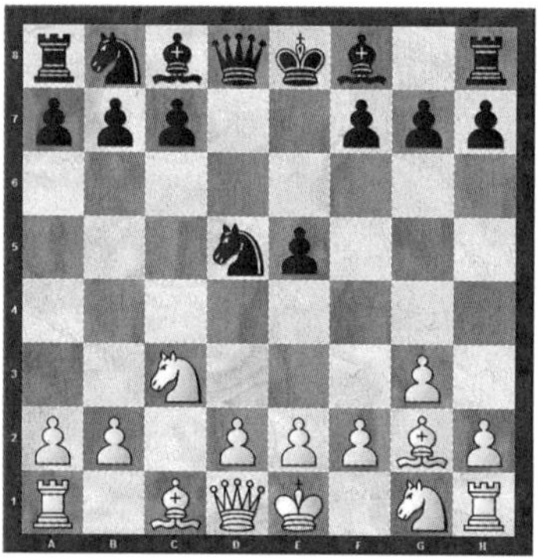

Diagramm 83

Der schwarze Springer auf d5 ist nun vom weißen Springer und Läufer angegriffen. Schwarz muss sich also entscheiden, was mit dem Springer zu tun ist. 5...Sb 6 Dieser Zug wird in den allermeisten Fällen gezogen, um den Turm erst einmal aus der Gefahrenzone zu bringen. 6.Sf 3 (Zentrum besetzen und Figuren entwickeln) Zudem wird der Bauer auf e5 angegriffen, der in diesem Stellungstyp ein wichtiges Angriffsobjekt ist. 6...Sc 6 (Zentrum besetzen und Figuren entwickeln) Der Bauer auf e5 wird direkt wieder gedeckt. 7.0–0 (Königssicherheit) Weiß ist deutlich besser entwickelt. Nicht nur bezüglich der Anzahl der entwickelten Figuren, sondern auch bezüglich deren Positionierung.

Allerdings hat Schwarz kaum Schwächen, sodass es für Weiß schwer ist, diese bessere Entwicklung in was Zählbares zu verwandeln. 7...Le7 (Figuren entwickeln) Und die Rochade wird vorbereitet. 8.d3 (Zentrum besetzen) 8...0–0 (Königssicherheit) 9.Le3 (Zentrum besetzen und Figuren entwickeln) Weiß hat sich komplett entwickelt. 9...Le6 (Zentrum entwickeln und Figuren entwickeln) 10.Tc1 (Figuren entwickeln)

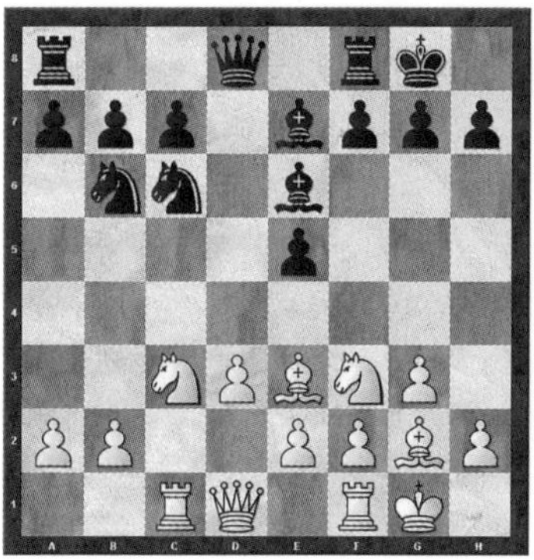

Diagramm 84

Zwar fällt dieser Zug nicht mehr unter die eigentliche Regel, dass man Leichtfiguren entwickeln soll, da der Turm eine Schwerfigur ist. Der Turm ist aber eben auch eine Figur, die irgendwann ins Spiel gebracht werden soll, und dann doch am besten auf eine halboffene Linie.

1...c5 (Zentrum besetzen) Leitet die Symmetrievariante ein, Schwarz macht Weiß zunächst alles nach. 2.Sc 3 (Zentrum besetzen und Figuren entwickeln) 2...Sc 6 (Zentrum besetzen und Figuren entwickeln)

3.Sf 3 (Zentrum besetzen und Figuren entwickeln) 3...Sf 6 (Zentrum besetzen und Figuren entwickeln) Das ist noch Schach der alten Schule, zuerst werden die Springer entwickelt, jetzt sind die Läufer dran. 4.g3 g6 5.Lg2 (Figuren entwickeln) 5...Lg7 (Figuren entwickeln) 6.0–0 (Königssicherheit) 6...0–0 (Königssicherheit) Bis hierhin ist alles auf beiden Seiten gleich gelaufen. Jetzt durchbricht Weiß die Symmetrie mit seinem nächsten Zug. 7.d4 (Zentrum besetzen) 7...cxd4 8.Sxd4 Sxd4 9.Dxd4 (Diagramm 85). Schwarz hat es geschafft, die weiße Dame ins Zentrum zu locken, dort ist sie den Angriffen der schwarzen Leichtfiguren ausgesetzt. Das hat Weiß jedoch in seine Planung einkalkuliert. Denn trotz der Gefährdung steht die weiße Dame im Zentrum aktiv und deckt viele Felder 9...d6 (Zentrum besetzen) 10.Dd3 Die Dame geht einen Schritt zurück, um sich den möglichen Angriffen des Läufers auf g7 zu entziehen.]

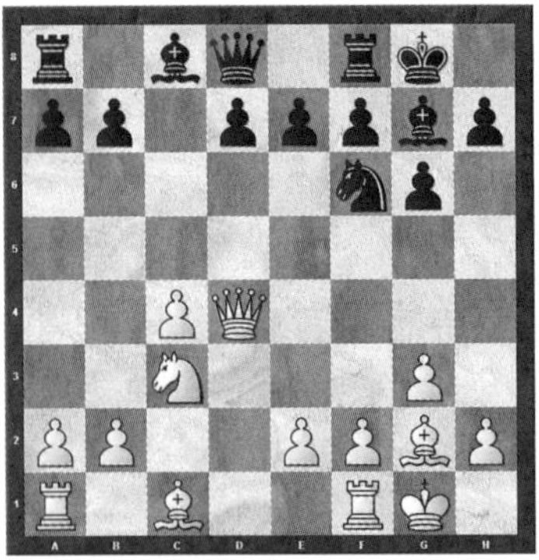

Diagramm 85

2.Sf3 (Zentrum besetzen)

2...c6 (Zentrum besetzen) Kein typischer Zug, um das Zentrum zu besetzen, Schwarz möchte jedoch gerne d5 spielen, und das wird mit c6 unterstützt.

3.g3 d5 (Zentrum besetzen)

4.Lg2 (Figuren entwickeln) Weiß vollendet erst seine Entwicklung am Königsflügel bevor es sich um seinen c-Bauern, der gerade angegriffen wurde, kümmert.

4...dxc4

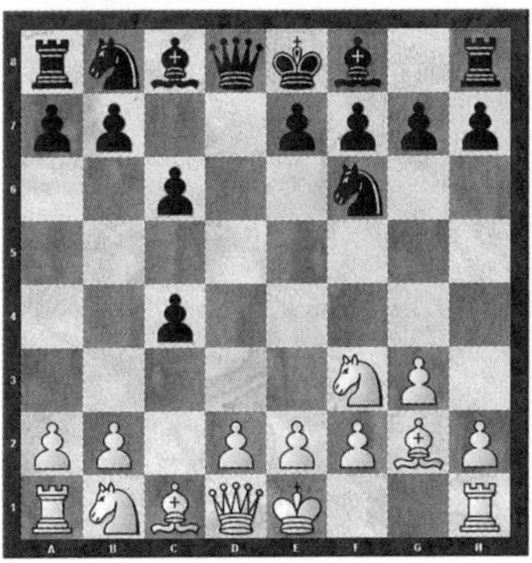

Diagramm 86

Schwarz lässt sich nicht zwei Mal bitten und nimmt den hängenden Bauern raus. Das ist in der Gesamtbilanz zunächst einfach ein Mehrbauer. Er baut damit andererseits Kontrolle im Zentrum auf und macht wieder keinen Entwicklungszug.

5.0–0 (Königssicherheit) Weiß spielt seinen Stiefel runter. Er hat seinen Königsflügel komplett entwickelt.

5...Sbd7 (Figuren entwickeln und Zentrum besetzen) Ein sehr logischer Zug, auch wenn die Idee eher passiv ist, denn der Springer wird gleich nach b6 gehen und dort den Bauern auf c4 decken.

6.Dc2 Jetzt macht sich Weiß daran, den Bauern auf c4 zurückzuerobern.

6...Sb 6 Wie angekündigt.

7.Sa 3 (Figuren entwickeln) Weiß lässt nicht locker und will unbedingt den Bauern auf c4 zurück haben.

7...Le6 (Figuren entwickeln) Aber auch Schwarz hat seine Pläne, er hält am Bauern fest. Der Nachteil ist, dass jetzt der schwarze e-Bauer nicht ziehen kann, da er vom Läufer blockiert ist. Das macht die Entwicklung des schwarzen schwarzfeldrigen Läufers schwierig.

8.b3

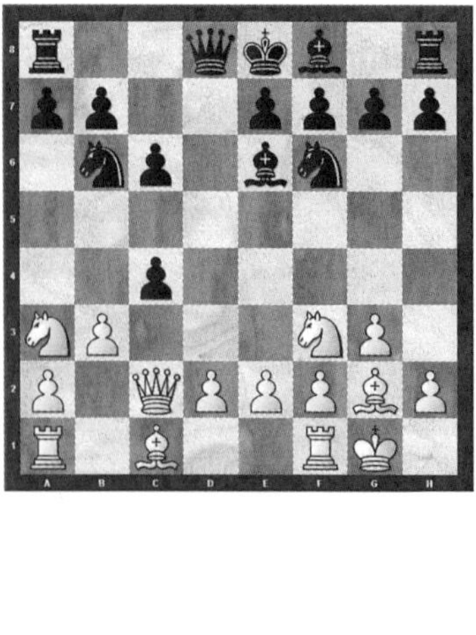

Diagramm 87

Das nutzt Weiß und setzt jetzt alles auf die Entwicklungskarte.

8...cxb3 Schwarz lässt sich nicht zweimal bitten und nimmt den Bauern mit.

9.axb3 Dd5 Schwarz zentralisiert die Dame bereits sehr früh, um den Bauern auf b3 zu attackieren. Anstatt aber ängstlich zurückzuweichen, gibt Weiß auch noch diesen Bauern.

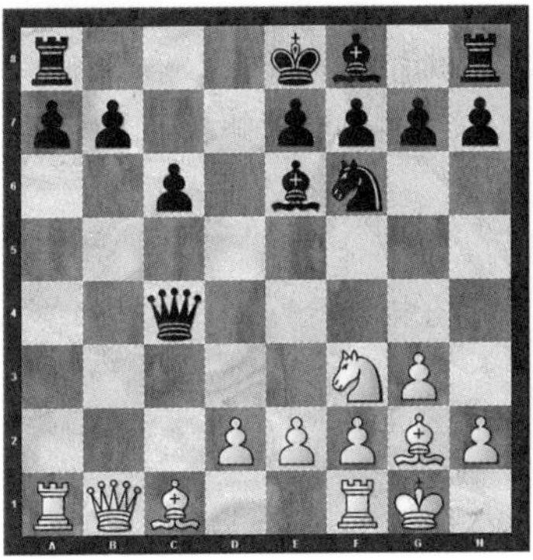

Diagramm 88

10.Sc 4 Sxc4 11.bxc4 Dxc4 12.Db1 (Diagramm 88) Weiß hat zwei Bauern geopfert, dadurch aber hervorragende Kompensation am Dameflügel erhalten. Schwarz ist schlecht entwickelt und wird in der Folge Probleme haben, ein sicheres Feld für seinen König zu finden.

Das Schäfermatt

Das Schäfermatt ist das erste, das viele Trainer Kindern beibringen und das erste, das sie ihnen wieder abgewöhnen. Dieses Matt ist für Kinder so attraktiv, da sie innerhalb weniger Züge matt setzen können, wenn der Gegner nicht aufpasst. Wenn der Trainer des Gegners das Schäfermatt nicht gezeigt hat, dann klappt das meistens sogar. Das Schäfermatt funktioniert so: 1.e4 e5 2.Lc4 Sc 6 3. Dh5 Sf 6 4.Df7#

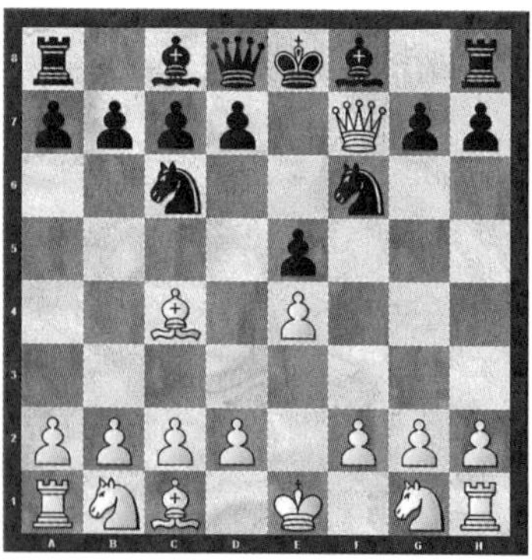

Diagramm 88.1

Damit nutzt Weiß das schwächste Feld aus, das es in der Grundaufstellung gibt, das Feld f7. Es ist das einzige Feld, das nur vom König gedeckt wird. In diesem Fall kann der König nicht die Dame schlagen, da die Dame vom Läufer auf c4 gedeckt ist. Wenn dies alles erzwungen wäre, müsste man keine Bücher über Schach schreiben und es wäre auch nicht eines der beliebtesten Spiele weltweit. Allerdings müssen wir nun überlegen, wie wir gegen solche Versuche am besten vorgehen.

Gegen die eben gesehene Zugfolge habe ich bereits im zweiten Zug eine Ungenauigkeit eingebaut. Nach 1.e5 e5 2.Lc4 sollte Schwarz nicht Sc 6 spielen, sondern die ganze Geschichte mit Sf 6 unter Kontrolle bekommen. Denn die Dame kann f7 nicht nur über h5, sondern auch über f3 erreichen. Sf 6 stellt sich beidem in den Weg.

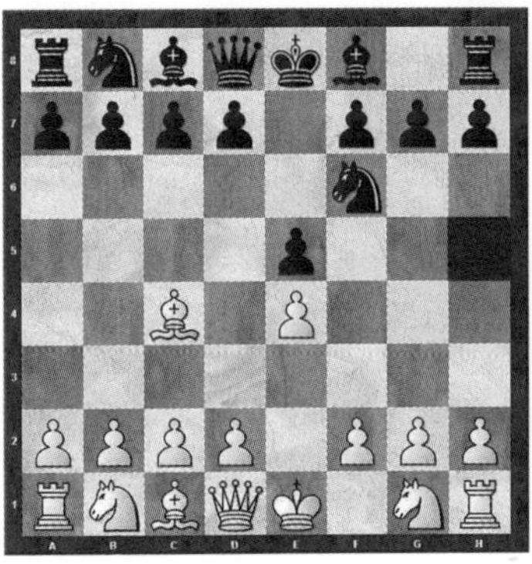

Diagramm 88.2

Allerdings muss Weiß nicht mit 2.Lc4 starten, sondern kann diese Idee des Schäfermatts noch etwas dynamischer spielen, indem er mit 2.Dh5 beginnt. Jetzt kann Sf 6 nicht empfohlen werden, denn dann könnte Weiß mit seiner Dame und mit Schach auf e5 schlagen. Also muss Weiß in dieser Stellung mit Sc 6 fortsetzen um den Bauer zu decken, es folgt Lc4.

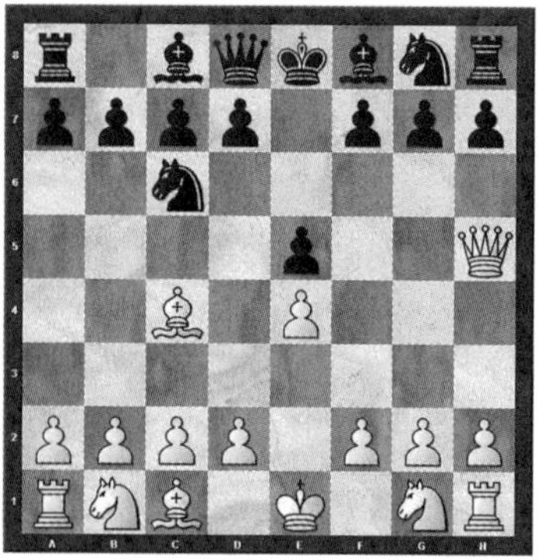

Diagramm 88.3

Jetzt haben wir die Stellung auf dem Brett, bei der ich eingangs den groben Felder Sf6 begangen habe, dem Df7# folgte. Das passiert mir nicht noch einmal, und so müssen wir in dieser Stellung überlegen, wie Schwarz am besten das Schäfermatt verhindert. Zunächst fallen vier Möglichkeiten auf:

- 1. Sh6, um den f7 zu decken.
- 2. De7, um den f7 zu decken.
- 3. Df6, um den f7 zu decken.
- 4. g6, um die Dame anzugreifen und das Matt zu verhindern.

Sh 6 ist nicht empfehlenswert, weil d2–d4 folgen kann, danach droht Weiß mit Lxh6 den Springer zu entfernen und dann auf f7 Matt zu setzen.

De7 ist schon besser. Allerdings versperrt dieser Zug die natürliche Entwicklungsmöglichkeit des schwarzfeldrigen Läufers.

Df6 auch nicht schlecht, aber da möchte eigentlich der Springer hin.

g6 ist, denke ich, der richtige Zug, denn man zwingt Weiß direkt wieder, die Dame zu ziehen und die Entwicklungsmöglichkeiten werden nicht eingeschränkt. Jetzt kann Weiß noch einen Versuch starten und mit Df3 nochmal auf f7 Matt drohen:

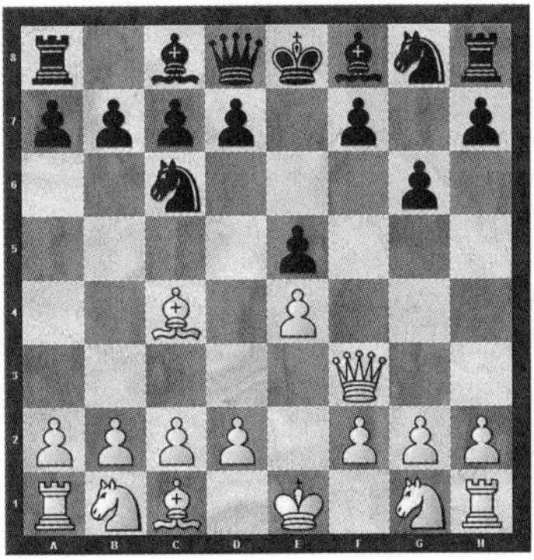

Diagramm 88.4

Das verhindern wir mit einem Entwicklungszug, der da wäre Sf6, damit die weiße Dame keinen Einfluss mehr auf das Feld f7 hat. Im nächsten Zug, wenn es zu gelassen wird, kann der Springer von c6 mit Sd4 weiter Druck auf die weiße Dame machen. Das Schäfermatt ist pariert und die schwarzen Figuren sind besser entwickelt.

Das Idiotenmatt

Liebe Leserin, lieber Leser, das soll keine Beleidigung sein! Das Mattmotiv, von dem ich hier spreche, heißt tatsächlich so und zeigt das schnellste Matt, das es theoretisch gibt. Weiß (!) wird in zwei Zügen Matt gesetzt. Weiß kann übrigens frühestens im dritten Zug matt setzen, denn der Gegner muss zwei sehr „idiotische" Züge machen und dann kann Weiß eben erst mit seinem dritten Zug matt setzen. Das Idiotenmatt funktioniert wie folgt:

1.f3 e5 2.g4 Dh5#

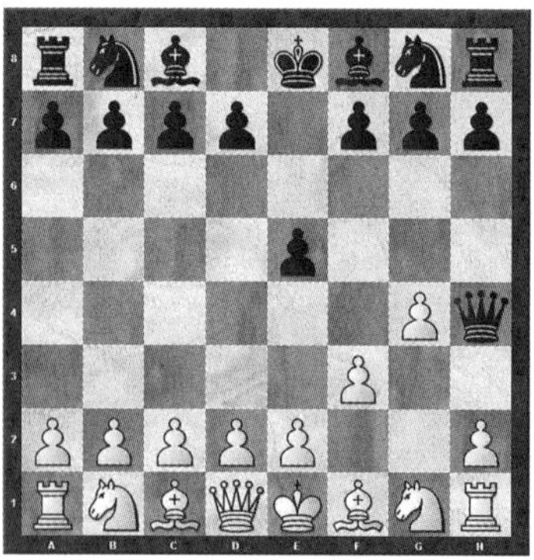

Diagramm 88.5

Diese Züge mit Weiß also bitte nicht machen, das könnte etwas peinlich werden.

4 DAS MITTELSPIEL

Taktik

Wir lassen die Eröffnung hinter uns und widmen uns der nächsten Spielphase, dem Mittelspiel. Um es nicht zu kompliziert zu machen, werde ich auch das Mittelspiel in zwei Bereiche unterteilen. Zum einen spielt im Mittelspiel nämlich die Strategie eine wichtige Rolle. Im Unternehmerjargon würde man eventuell von den „Soft-Skills" reden. Wann steht eine Figur gut, wann schlecht? Welche Bauernkonstellationen sind günstig, welche sollte man in der Regel vermeiden? Wann lohnt sich ein Angriff auf den gegnerischen König und wie ziehe ich diesen am besten auf? Welche Pläne muss ich entwickeln, damit mein Gegner Probleme bekommt, wie verteidige ich mich gegen die Pläne meines Gegners?

Solche Fragen stellen Unternehmer, die Schach lernen wollen, mir immer wieder. Sie versprechen sich davon, Rückschlüsse auf unternehmerisches Handeln ziehen zu können. Felix Magath geht als Fußballtrainer ähnlich vor.

Beginnen wollen wir jedoch mit der Taktik, denn sie ist für Anfänger sehr wichtig. Die schlausten langfristigen Strategien nützen nämlich nichts, wenn der Gegner auf dem Weg zu deren Umsetzung ständig Figuren schlagen kann, die man „einstellt“. Taktische Tricks sind Methoden, wie man den Gegner zu Materialverlust zwingen kann, wenn dieser eine Ungenauigkeit begeht.

Materialverlust bedeutet nicht nur, dass man einfach direkt eine gegnerische Figur schlagen kann, die ungedeckt ist. Als Materialverlust bezeichnet man zum Beispiel auch, wenn man einen Turm gegen einen Springer abgibt, denn auch dann hat man 2 Punkte bzw., wie wir es gelernt haben, 2 Eiskugeln verloren. Auch das ist Materialverlust, obwohl jede Seite eine Figur geschlagen hat.

Wir werden uns die wichtigsten taktischen Methoden intensiv anschauen und üben. Zuvor muss ich jedoch darauf hinweisen, dass es eine Sache ist, bei einer Aufgabe gesagt zu bekommen, dass hier ein taktischer Trick funktioniert. Deutlich schwieriger wird es, in der Partie an der richtigen Stelle zu erkennen, dass einer der gelernten Tricks bzw. Motive gerade jetzt angewendet werden kann. Deshalb ist es wichtig, dass Sie sich einen Spielpartner suchen, am besten jemanden, der dieses Buch auch gekauft hat, gegen den Sie regelmäßig eine Partie spielen. Das muss nicht in der verkrampften Atmosphäre sein, die man gelegentlich bei Schachturnieren beobachtet, sondern lieber bei einem Glas Rotwein auf dem heimischen Balkon.

Wir werden die aus meiner Sicht fünf wichtigsten taktischen Motive besprechen:

- Gabel
- Spieß
- Doppelangriff
- Abzugsangriff/Abzugsschach
- Fesselung
- Fangen

Die Gabel

Die Gabel ist das erste Motiv, das jeder lernen sollte. Gegnerische Figuren gabeln kann man mit den Bauern und den Springern, wobei die Springergabel in der Praxis deutlich häufiger vorkommt als die Bauerngabel, da Bauerngabeln sehr einfach zu erkennen sind und somit leicht verhindert werden können. Außerdem hat ein Bauer natürlich auch nicht so viele verwirrenden Möglichkeiten wie ein Springer.

Gegnerische Figuren zu gabeln bedeutet, dass der Springer oder der Bauer zwei gegnerische Figuren gleichzeitig angreift. Das Gute bei einem solchen Angriff ist, dass der Gegner eben nur eine der beiden angegriffenen Figuren im nächsten Zug wegziehen kann. Deshalb ist es zum Beispiel bei der Springergabel hilfreich, wenn die beiden angegriffenen Figuren mehr wert sind als der Springer. Nehmen wir also an, ein Springer greift einen Turm und die Dame an. Dann kann nur eine Figur gerettet werden. Der Gegner wird sich wohl für die Dame entscheiden und diese wegziehen. Dann kann man im Anschluss den Turm mit dem Springer schlagen und hat Material gewonnen.

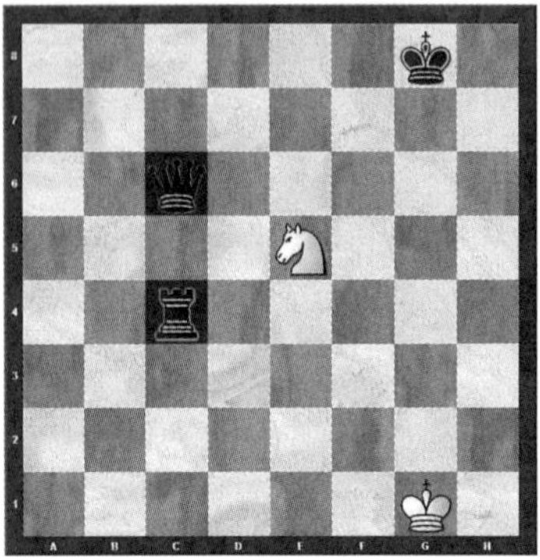

Diagramm 89

Noch besser wird es, wenn der Springer eine Figur und den König angreift, dann muss nämlich der König gerettet werden. Denn den König im Schach stehen zu lassen ist, wie wir wissen, nicht erlaubt. Der König muss also weg und man kann entspannt die andere angegriffene Figur schlagen.

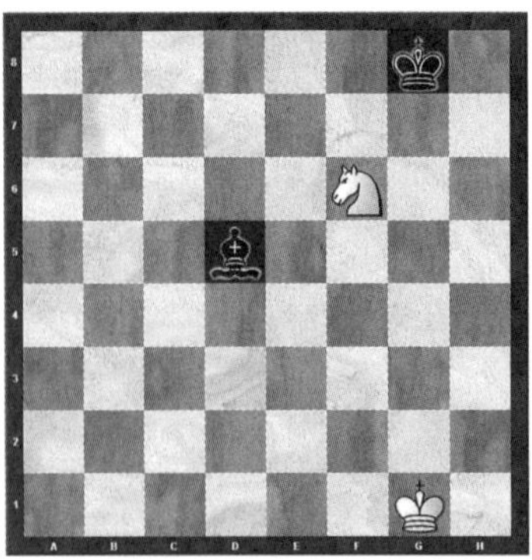

Diagramm 90

Eine Springergabel ist nicht gewinnbringend, wenn der Springer einen Läufer angreift, denn wenn der Turm dann wegzieht und sich der Springer anschließend gegen den Läufer tauscht, hat jeder drei Eiskugeln bekommen, das ist kein Materialgewinn.

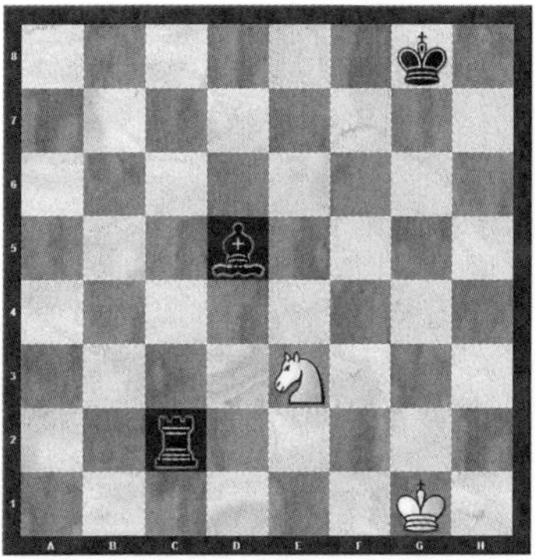

Diagramm 91

Die seltener vorkommende Bauerngabel ist besonders effektiv. Denn der Bauer ist im Vergleich zu allen anderen Figuren am wenigsten wert. Somit ist eine Bauerngabel fast immer gewinnbringend. Eine klassische Situation, in der eine Bauerngabel funktioniert, ist folgende:

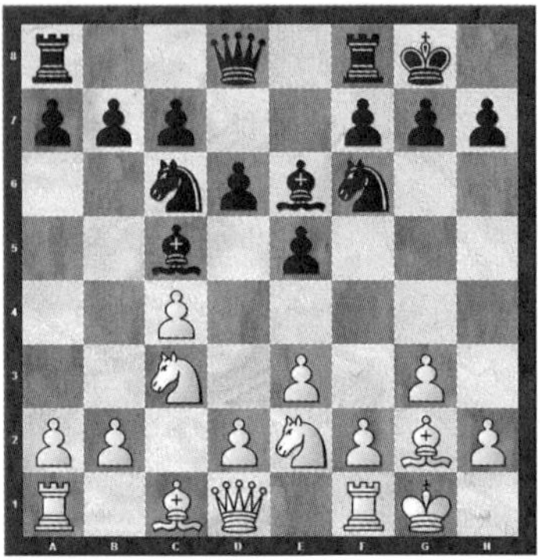

Diagramm 92

Schwarz hat mit seinem letzten Zug seinen Läufer auf e6 platziert, um den c4-Bauern aufs Korn zu nehmen. Weiß kümmert das wenig, macht in dieser Stellung zunächst Bauer nach d4 und greift den Läufer auf c5 an. Dieser weicht zurück nach b6, anschließend rückt der Bauer noch einen weiter vor und gabelt den Springer auf c6 und den Läufer e6.

Nun haben Sie das taktische Motiv „Gabel“ kennengelernt. Jetzt sind Sie am Zug, wie kann Weiß in den folgenden Stellungen eine Gabel mit Springer?

Es folgen Aufgaben 1–6:

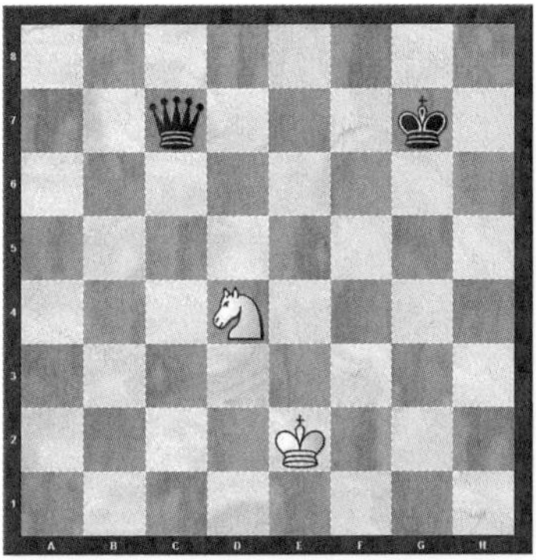

1

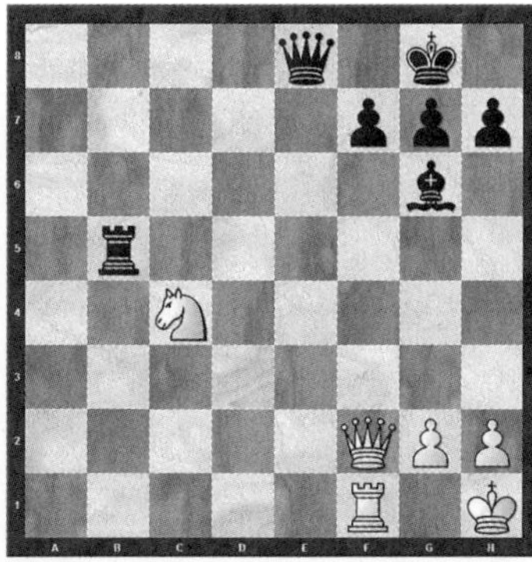

2

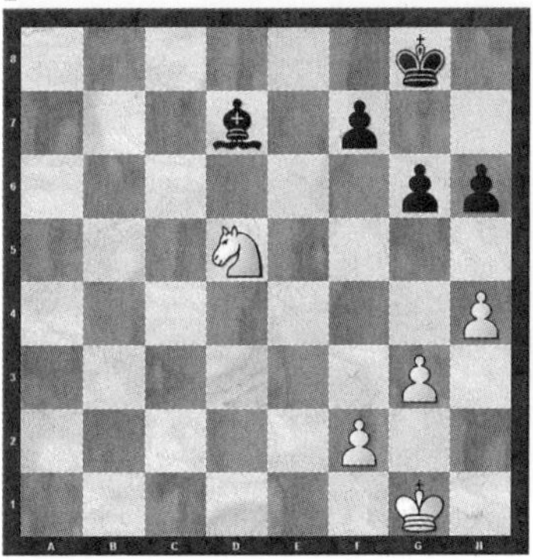

3

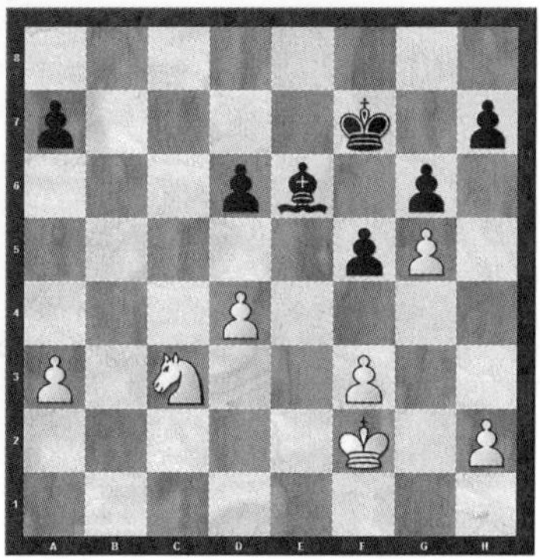

4

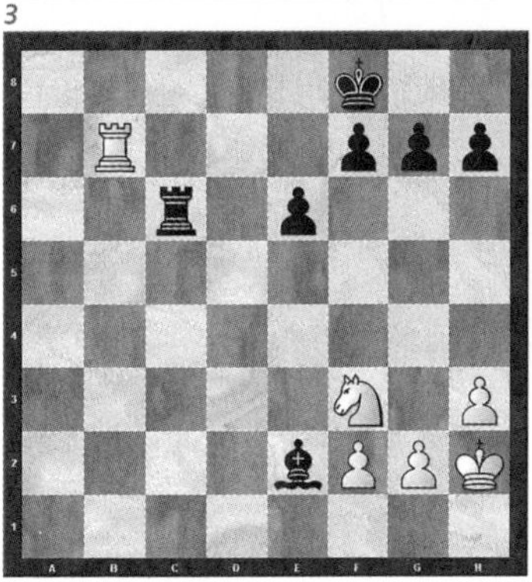

5

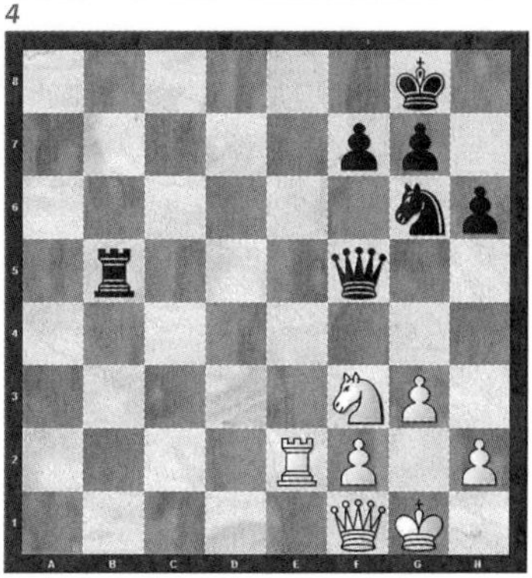

6

Aufgabe 1–6

Der Spieß

Der Spieß ist für Läufer, Turm und Dame das, was die Gabel für Springer und Bauer ist: Es geht darum, dem Gegner Material abzuluchsen. Bei den drei genannten Figuren heißt es Spieß, weil sie zwei Figuren auf einer Linie bzw. Reihe angreifen und diese somit aufspießen. Ja, Schachspieler sind unheimlich kreativ, was Bezeichnungen angeht, aber sie sind einprägsam und somit ideal.

Wenn zwei gegnerische Figuren auf einer Linie oder Diagonale stehen und eine unserer Figuren die vordere angreift, kann der Gegner die vordere Figur zwar wegziehen, die hintere Figur kann dann aber geschlagen werden.

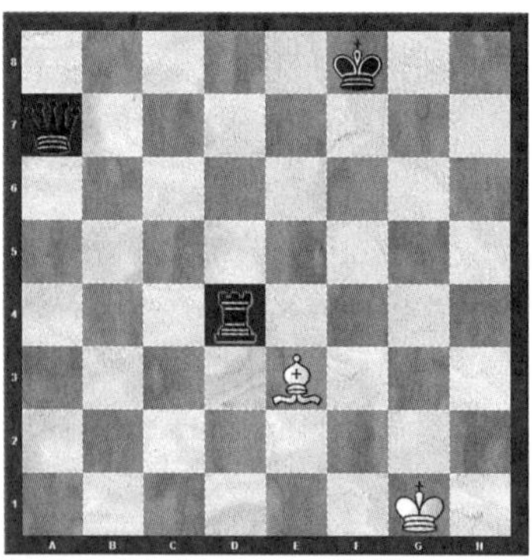

Diagramm 93

Je wertvoller die Figur wird, die spießt, desto schwerer wird es, dass der Spieß auch zu Materialgewinn führt. Nehmen wir an, eine Dame spießt zwei Türme:

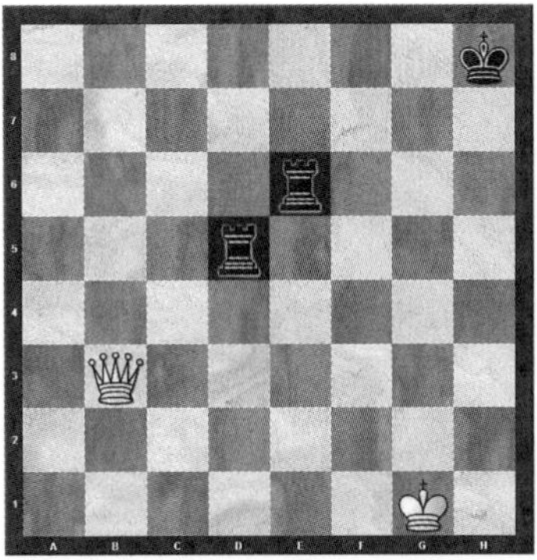

Diagramm 94

Jetzt könnte der hintere Turm den vorderen decken, und damit ist es für die Dame nicht mehr attraktiv, den Turm zu schlagen, denn es würde sogar Materialverlust bedeutet und wäre somit kein gutes Geschäft.

Die gleiche Stellung, nur vertauschen wir die Positionen des Läufers mit der Dame:

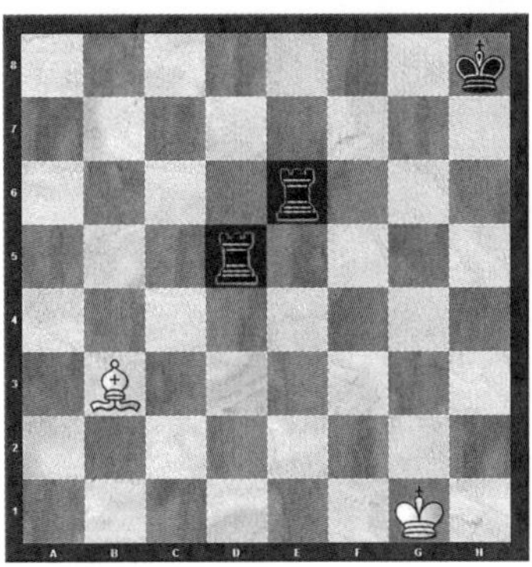

Diagramm 95

In dieser Stellung liegt wieder ein Spieß vor. Der Läufer greift die beiden Türme auf der Diagonale an. Wieder könnte der hintere Turm den vorderen Turm decken. Dann wäre es, nachdem der Läufer den Turm schlägt, aber immer noch ein Materialgewinn, denn der Läufer ist, im Gegensatz zur Dame, weniger wert als der Turm. Kurzum, häufig ist es nützlich, wenn die Figuren, die aufgespießt werden, mehr wert sind als die Figur, die aufgespießt wird.

Trotzdem gibt es Stellungen, in denen auch die Dame erfolgreich spießt, wie das folgende Beispiel zeigt.

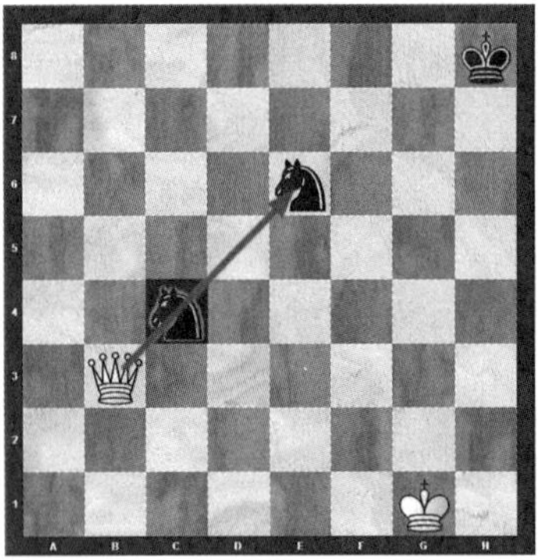

Diagramm 96

Genug der Erklärungen, es folgen Aufgaben 7–12, bei denen Weiß am Zug ist und einen gewinnbringenden Spieß spielen kann. Viel Spaß!

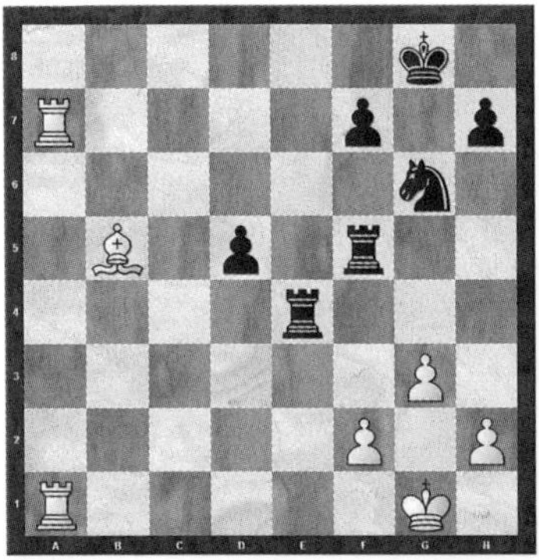

7

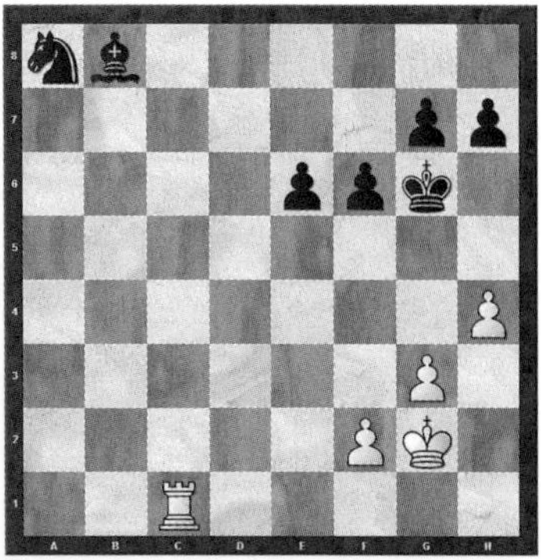

8

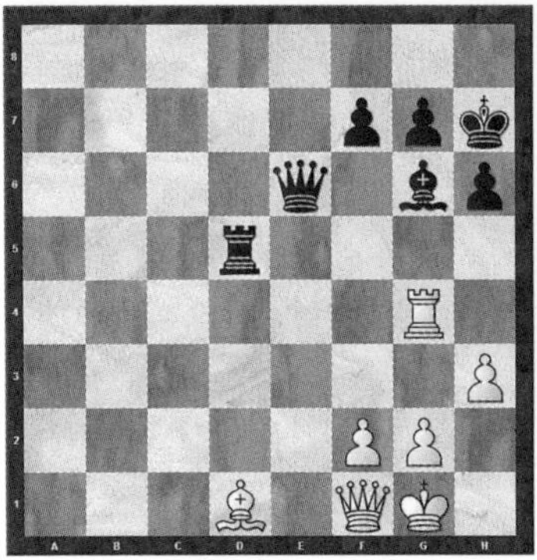

9

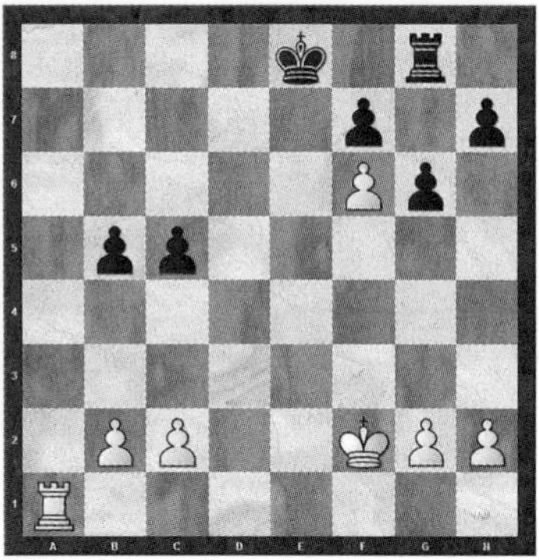

10

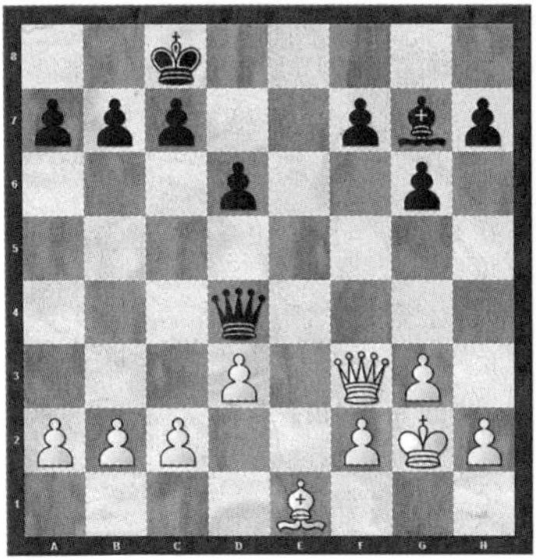

11

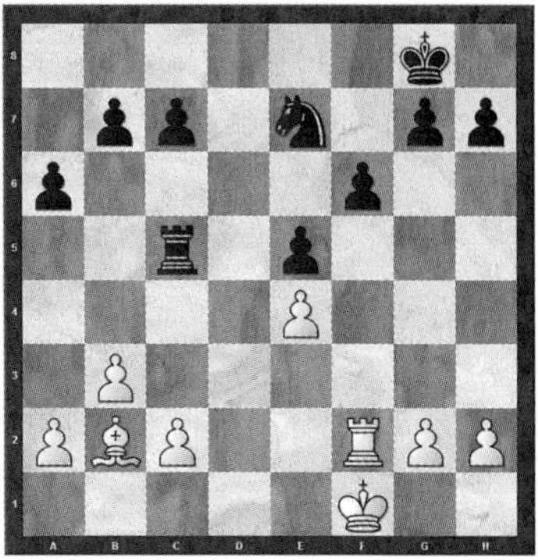

12

Aufgabe 7–12

Doppelangriff

Der Doppelangriff ist ein Oberbegriff, der die Gabel einbezieht, aber auch andere taktische Motive abdeckt. Das Grundprinzip hinter dem Doppelangriff ist, dass zwei gegnerische Figuren angegriffen sind und nur eine gerettet werden kann. Dieser Doppelangriff geht meistens von einer Figur aus, wie bei der Gabel. So zum Beispiel in folgender Stellung:

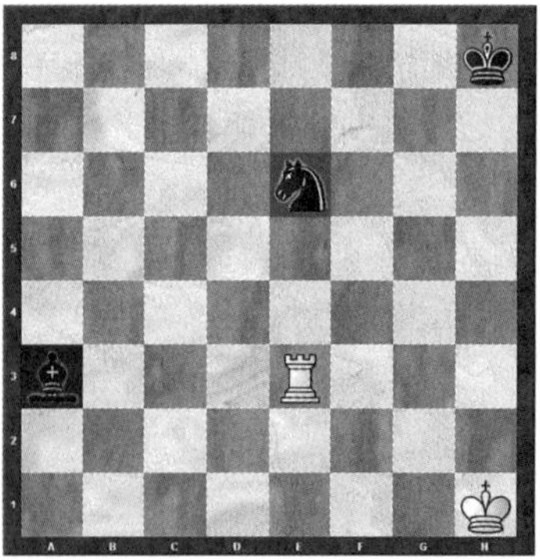

Diagramm 97

Der Turm greift zwei Figuren gleichzeitig an, nur eine kann gerettet werden und somit ist der Doppelangriff erfolgreich! Wenn der Gegner eine perfekte Partie spielen würde, ergäben sich solche taktischen Optionen natürlich nicht, es wurde bisher aber kaum eine perfekte Partie gespielt. Wir sind Menschen und machen Fehler, und diese können wir im Schach ausnutzen. Besonders gemeine Doppelangriffe kann die Dame herbeiführen:

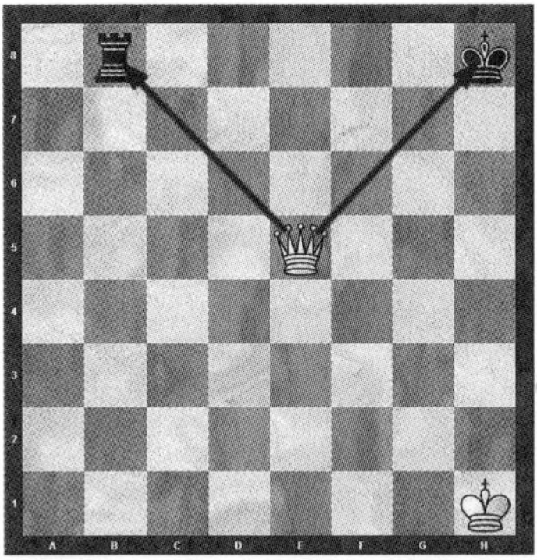

Diagramm 98

War die Dame beim Spieß noch nicht die optimale Figur für das taktische Motiv, wendet sich beim Doppelangriff das Blatt. Durch die große Reichweite der Dame können Figuren, die in ganz unterschiedlichen Ecken des Schachbrettes stehen, angegriffen werden. Das ist für einen Doppelangriff sehr nützlich. Denn aus dem Nichts greift die Dame zwei Figuren an, die die bisherige Partie über scheinbar nichts miteinander zu tun hatten.

Wie bereits erwähnt, ist auch die Gabel eine Form des Doppelangriffs, allerdings ist die Gabel so wichtig und kommt so häufig vor, dass ihr ein eigener Abschnitt eingeräumt wird. Aber auch bei der Gabel werden von einer Figur zwei andere angegriffen.

Nun folgen Aufgaben 13–18, bei denen Weiß am Zug ist und durch einen Doppelangriff Material gewinnen kann.

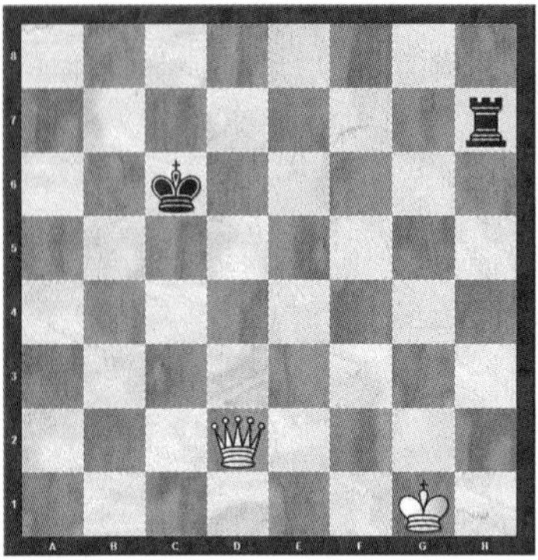

13

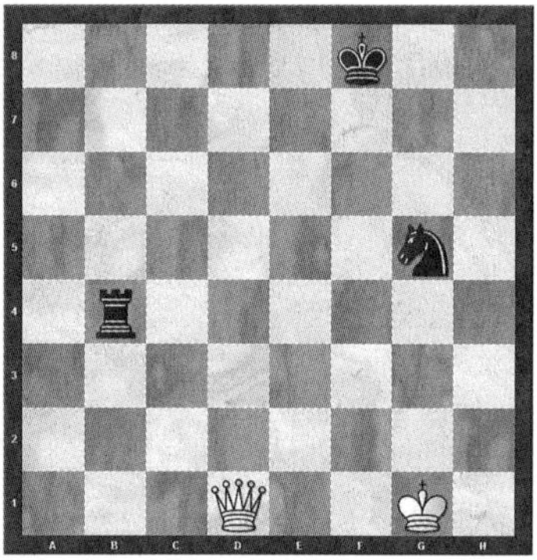

14

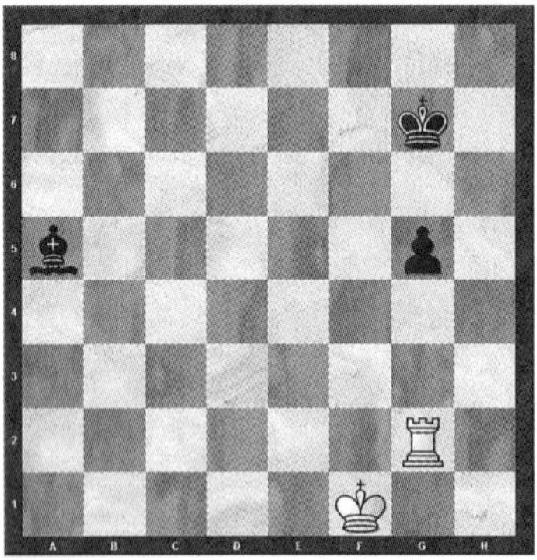

15

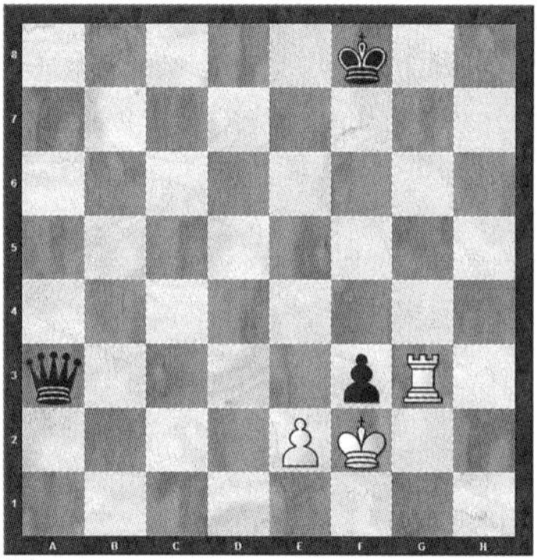

16

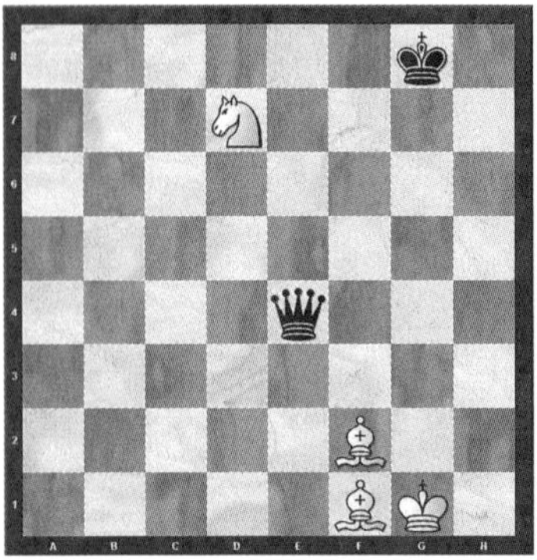

17

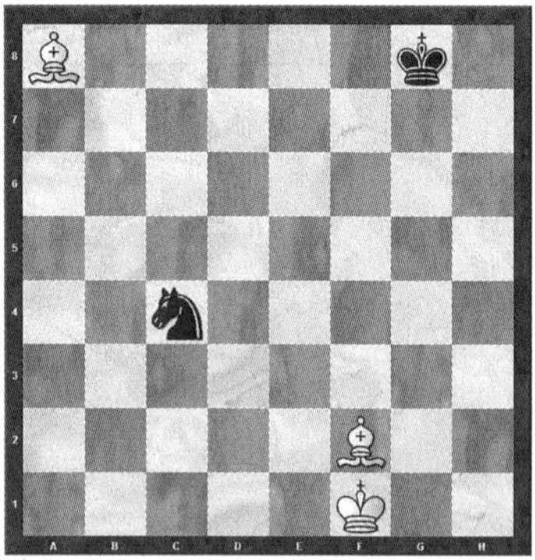

18

Abzugsangriff/Abzugsschach

Wir sind beim schwierigsten der hier besprochenen taktischen Motive, denn zum ersten Mal spielen zwei Figuren des Angreifers eine Rolle. Deswegen starten wir zunächst mit einem Diagramm:

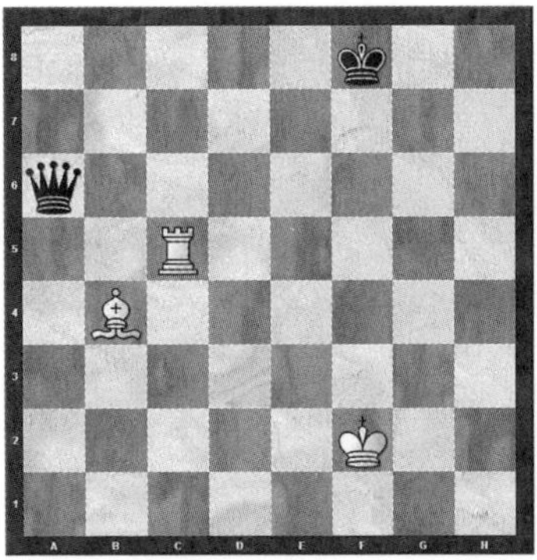

Diagramm 99

Diese Stellung schauen wir uns jetzt genau an und stellen uns vor, der Turm stünde nicht dort, wo er derzeit steht. Was wäre dann? Dann würde der Läufer den schwarzen König angreifen, also Schach setzen. Welcher Rückschluss lässt sich dadurch auf die aktuelle Stellung ziehen? Wir können den Turm ziehen wohin wir wollen, ohne dass er geschlagen werden darf, denn der Läufer, der hinter dem Turm steht, gibt dann Schach. Deshalb darf der Turm in keinem Fall, egal auf welches Feld er geht, geschlagen werden. Der Turm darf als aus der Diagonalen zwischen Läufer und König „abziehen". Daher der Name „Abzugsschach".

In der obenstehenden Stellung wäre der richtige Zug Tc6. Dann greift der Turm die Dame an. Normalerweise könnte die Dame den Turm schlagen, in diesem Fall aus den genannten Gründen aber nicht.

Ganz ähnlich funktioniert der Abzugsangriff, nur dass der gegnerische König in diesem Fall keine Rolle spielt. Nehmen wir folgende Stellung:

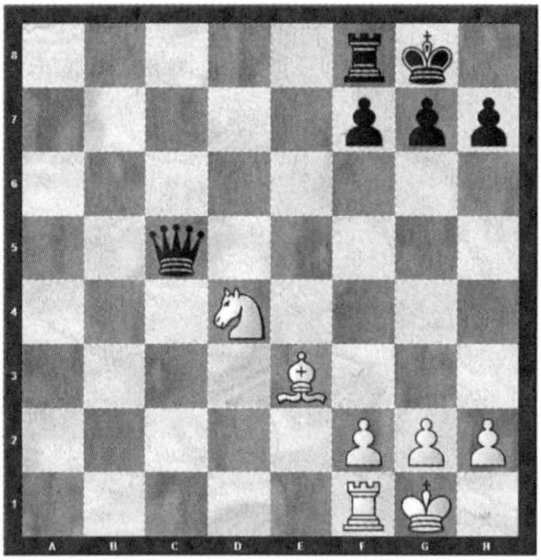

Diagramm 100

Gleiches Prinzip wie in der vorangegangenen Stellung. Stünde der Springer nicht, wo er steht, dann wäre die Dame vom Läufer angegriffen. Das bedeutet wieder, dass nun der Springer wegziehen kann, wohin er will. Wenn Schwarz nicht seine Dame verlieren will, muss er darauf reagieren, dass nach dem Springerabzug die Dame angegriffen ist. In diesem Fall sollte der Springer am besten nach Se6 gehen, denn dann kann der Springer, nachdem die Dame auf den Angriff reagiert hat, den Turm schlagen.

Obligatorisch folgen Aufgaben 19–24, bei denen man mit einem Abzugsschach oder Abzugsangriff Material gewinnen kann. Viel Spaß!

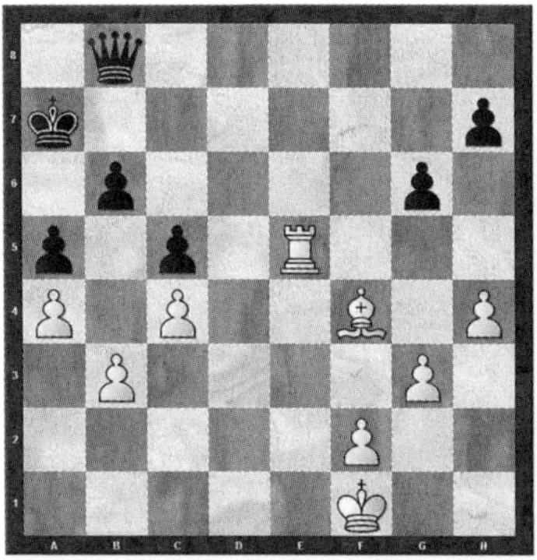

19

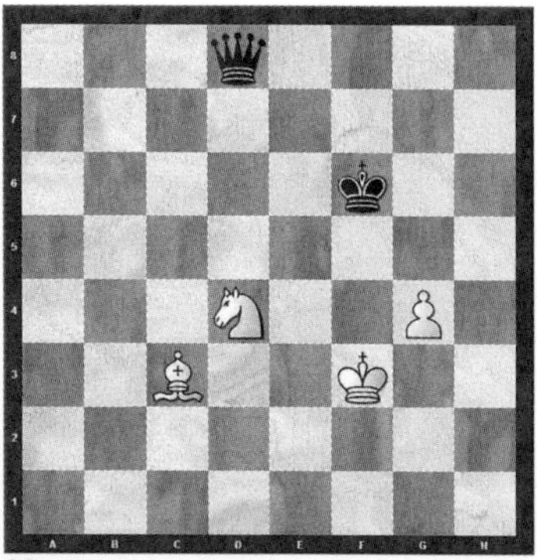

20

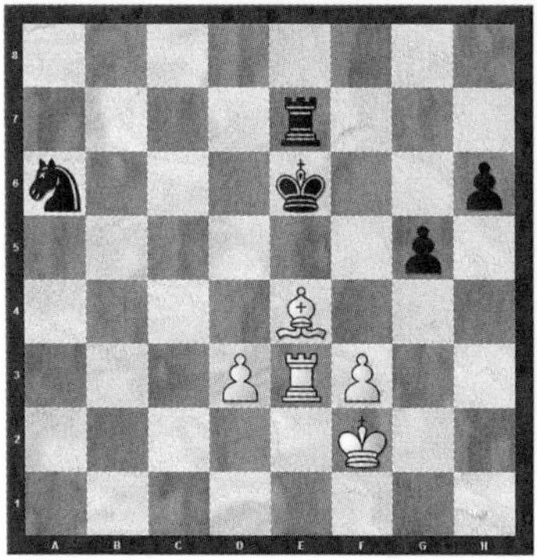

21

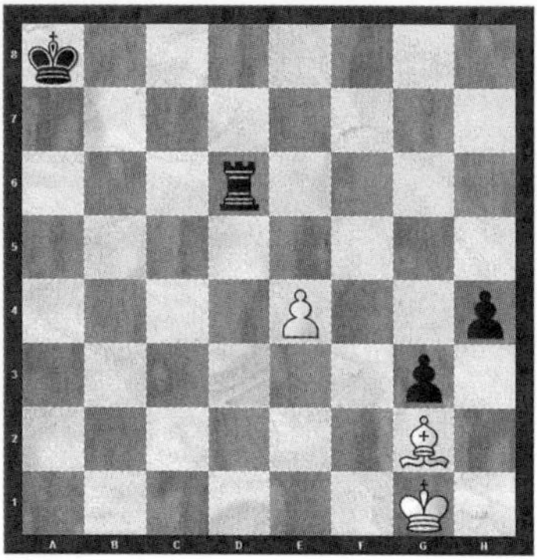

22

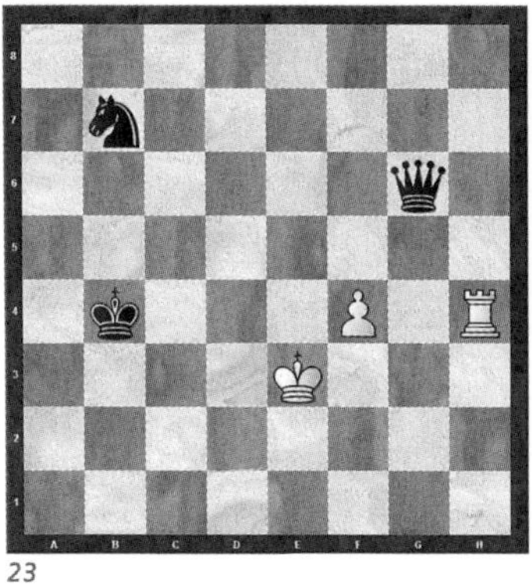

23

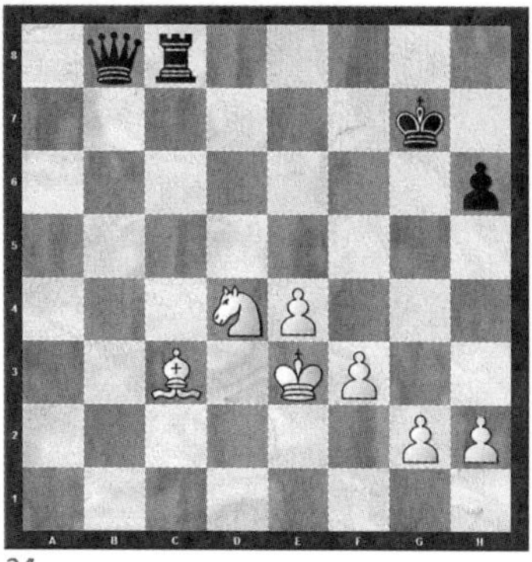

24

Fesselung

Schon sind wir beim vorletzten taktischen Motiv. Die Fesselung ist ein echter Klassiker, sehr unangenehm und kommt regelmäßig auf jedem Spiellevel vor. Eine Fesselung bedeutet, dass wir eine Figur angreifen, diese Figur darf aber nicht ziehen, da sie gefesselt ist. Gefesselt bedeutet in diesem Zusammenhang, dass die Figur nicht weggehen darf oder sollte, weil hinter ihr eine weitere Figur steht, die angegriffen wäre, wenn die vordere Figur wegziehen würde. Kompliziert? Hier ein Beispiel:

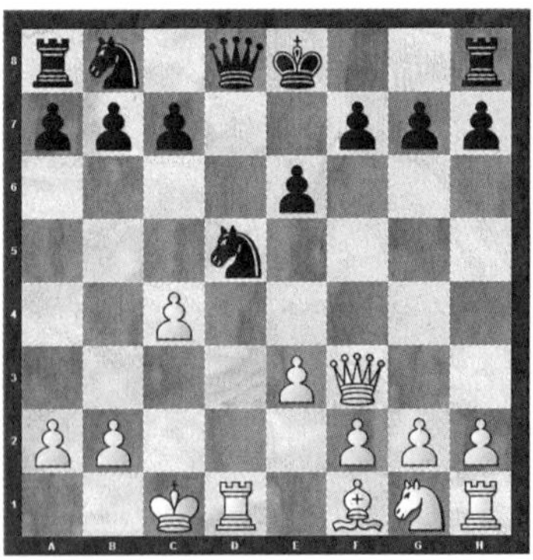

Diagramm 101

Der letzte Zug von Weiß war c2–c4, mit Angriff auf den Springer auf d5. Gerne würde dieser Springer wegziehen, damit der Bauer den Springer nicht schlagen und somit Material gewinnen kann. Nun gibt es ein Problem: Auf d8 steht die schwarze Dame und würde der Springer wegziehen, könnte der weiße Turm auf d1 die Dame auf d8 schlagen. Das ist schlimmer als der Verlust des Springers und so muss dieser stoisch auf d5 bleiben und sich schlagen lassen. Der Springer darf also nicht ziehen, weil der weiße Turm auf d1 ihn an das Feld d5 fesselt.

Noch unangenehmer ist es, wenn der König involviert ist. Wie in der folgenden Stellung:

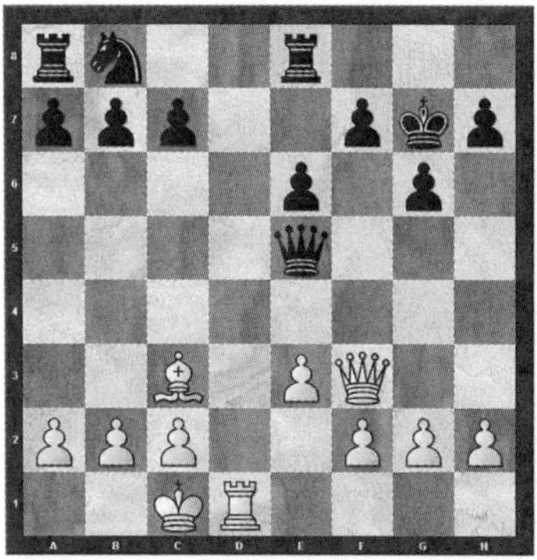

Diagramm 102

Die Dame ist vom Läufer angegriffen und würde gerne einfach aus der Schussbahn des Läufers gehen. Da wäre nur das Problem, dass auf der gleichen Diagonale des Läufers und der Dame auch noch der König steht. Würde die Dame sich aus dem Staub machen, dann hätte wiederum der König ein Problem – oder, wie der Schachspieler sagen würde, er stünde im Schach. Damit ist die Dame gefesselt und muss sich gegen den Läufer tauschen. Ein herber Verlust.

Auf der nächsten Seite folgen die Aufgaben 25–30, es ist immer Weiß am Zug.

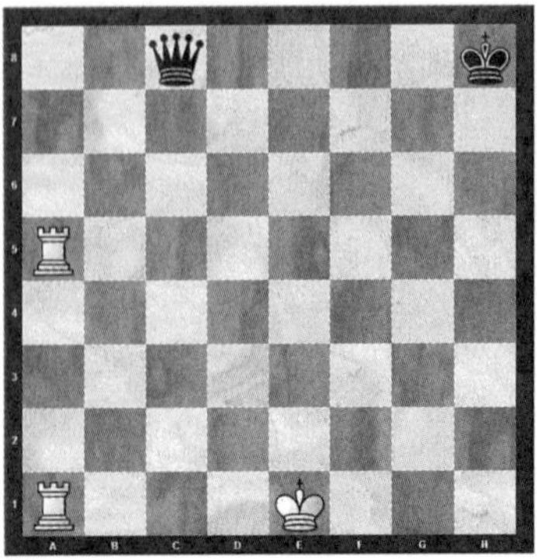

25

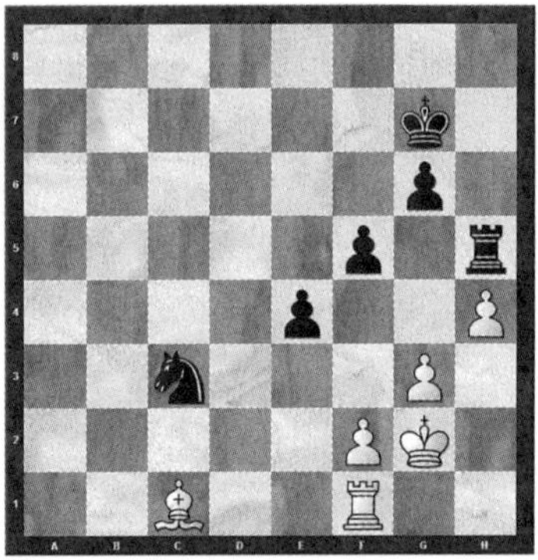

26

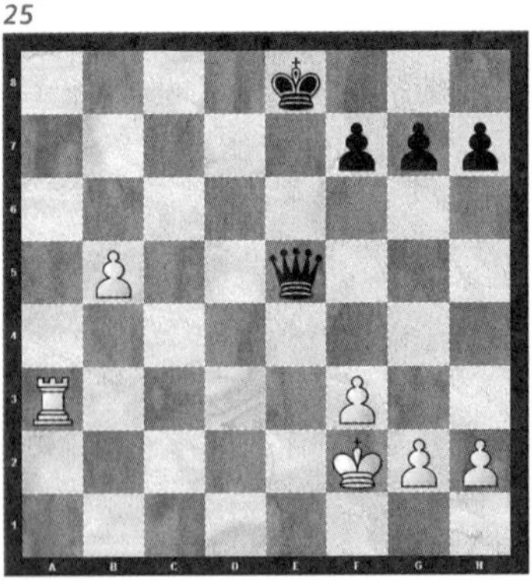

27

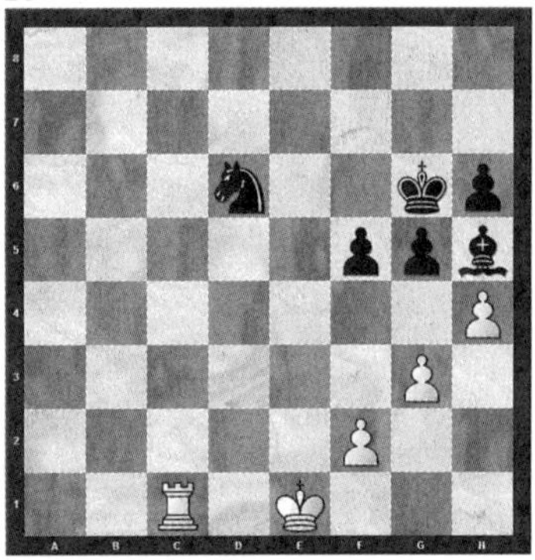

28

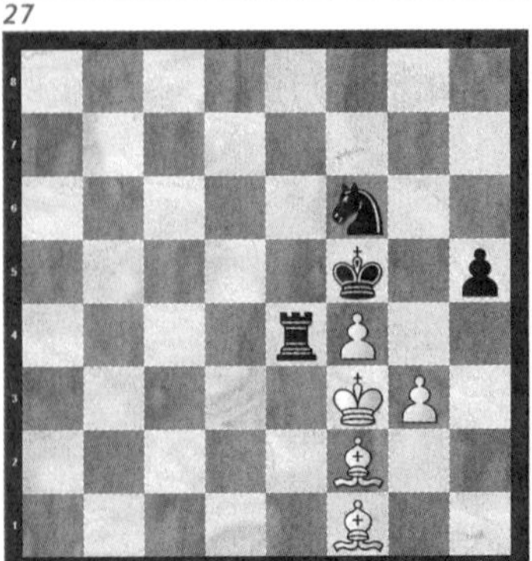

29

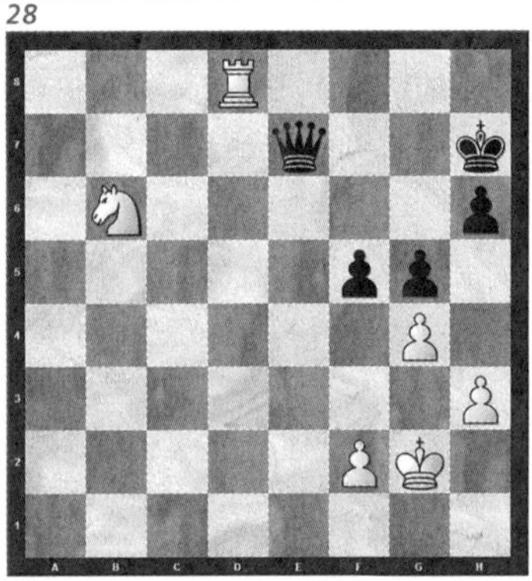

30

Aufgabe 25–30

Fangen

Das letzte taktische Motiv ist eine komplizierte Geschichte, denn es geht im Kern darum, dass eine gegnerische Figur keine Felder mehr hat, auf die sie gehen kann. Das bedeutet, man muss sie nur angreifen, ohne dabei zu gabeln oder zu spießen, und man gewinnt die Figur. Das hört sich nicht so unheimlich schwierig an. Es gibt aber zwei Aspekte, die die Sache erschweren. Da ist zum einen, dass man, bevor man eine Figur fängt, dies sehr genau berechnen muss. Denn häufig hat die Figur noch Felder, auf die sie gehen könnte, auf denen sie aber geschlagen wird. Man muss also viele Felder im Auge haben, wenn man zum Beispiel die Dame fangen möchte.

Die zweite Schwierigkeit ist, zu erkennen, wann man eine gegnerische Figur fangen kann, da man diese taktische Idee gar nicht auf dem Schirm hat. Man überlegt sich, welche Figur man verbessern kann, ob eine Gabel oder ein

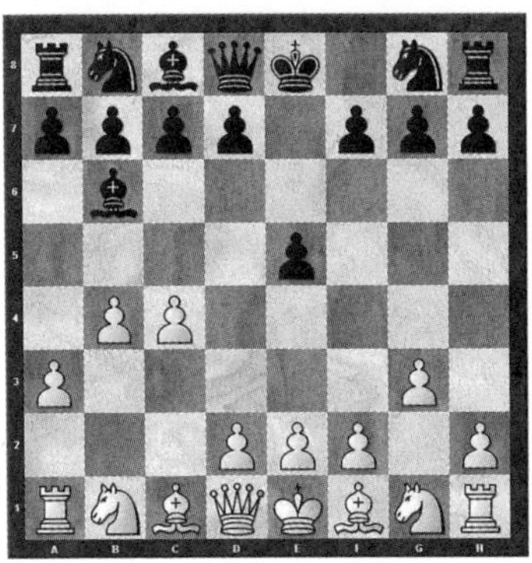

Diagramm 103

Spieß funktioniert. Ob aber eine gegnerische Figur, die man angreifen könnte, noch Rückzugsfelder hat, das bleibt meist unbeachtet.

Eine häufig gesehene Situation, in der eine Figur gefangen wird. In diesem Fall ist das der Läufer auf b6, der derzeit kein Feld mehr hat. Vor allem kein Feld, auf das er sich im eigenen Lager zurückziehen kann. Das nutzt Weiß aus, indem er c4–c5 zieht, mit seinem Bauern also den Läufer angreift und diesem keine Chance gibt, dem Schlagen durch den Bauern zu entkommen, da das Feld a5 ebenfalls von einem Bauer überdeckt ist.

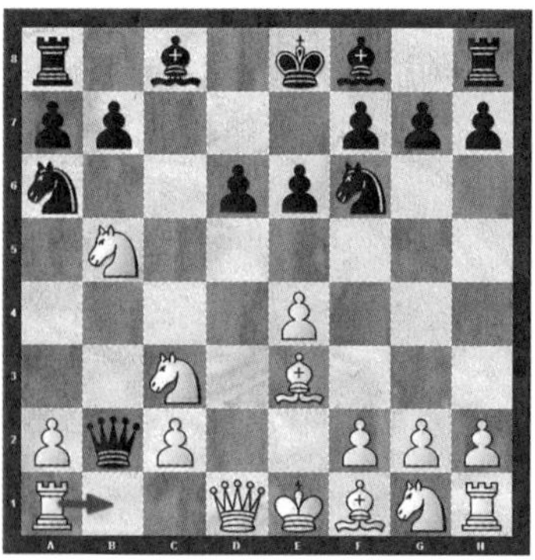

Diagramm 104

In dieser Stellung ist die Dame in der Eröffnung offensichtlich durch die Weltgeschichte getanzt und hat einen Bauern auf b2 geschlagen. Es gibt viele Theorievarianten, die dieses Schlagen des Bauern beinhalten und dann auf die bessere Entwicklung setzen. Hier ist jedoch etwas falsch gelaufen. Denn die Dame auf b2 hat kein Feld, auf das sie noch ziehen kann, und so passiert, was so häufig passiert: Der Turm greift die Dame an und diese hat kein Fluchtfeld mehr!

Das Mittelspiel/Strategie

Strategie ist ein sehr interessantes Thema, vielleicht das interessanteste im Schach. Wenn ich mit Unternehmern spreche, höre ich immer wieder, wie sie Vergleiche zwischen unternehmerischem Handeln und der Strategie im Schach anstellen. Einige Vergleiche sind sehr weit hergeholt, andere ergeben durchaus Sinn. Wie dem auch sei, anscheinend gibt es in unserem Sport etwas, das nichts mit konkreten taktischen Motiven oder stupidem Berechnen zu tun hat. Sondern etwas, bei dem man sich beinahe intellektuelle Gedanken machen muss: Kann ich mir diese Schwäche erlauben, wenn ich dafür diese Stärke bekomme? Wie viel ist diese Figur wert, wenn sie auf einem besseren Feld steht? Wie viele Figuren brauche ich, damit dieser Angriff ein Erfolg wird? Welche der Figuren kann ich zum Erreichen meines Ziels opfern? Solche Überlegungen lassen sich auch in anderen Sportarten anstellen, allerdings sind sie nirgends so wichtig wie im Schachsport.

Das werden wir in diesem Kapitel lernen. Wenn Sie jemanden sagen hören „Der versteht einfach mehr vom Schach“, dann bezieht sich das meistens auf diesen Bereich. Denn jemand, der gute Strategien am Brett entwickeln kann, gilt als guter Schachspieler. Gelegentlich sind das allerdings nicht die erfolgreichsten Schachspieler, da sie im taktischen Bereich Schwächen haben.

Welche wichtigen Punkte zählen zur Strategie? Dazu werden wir folgende zentrale Themen besprechen:

- Bauernstrukturen
- starke/schwache Bauern
- starke/schwache Figuren
- schwache Felder
- Angriff auf den gegnerischen König

Zunächst werden wir uns anschauen, welche Bauernstrukturen, also Bauernformationen typisch sind. Hier sind die Stichworte zum Beispiel „isolierter Bauer", „Bauernkette" oder „hängende Bauern". Wir werden besprechen, wie man mit und wie man gegen diese Bauernstrukturen am besten spielt. Damit einhergehen natürlich starke und schwache Bauern.

Das nächste Thema behandelt die Figuren. Starke und schwache Figuren sind das Thema. Wir haben zu Beginn gelernt, wie viel eine Figur wert ist. Die Sicht wollen wir nun differenzieren. Denn es gibt Figuren, die ausgezeichnet stehen und ihren eigenen Wert damit erhöhen und es gibt Figuren, die keine Perspektive haben und deshalb an Wert verlieren. Wie bzw. wo man Figuren optimal positioniert, um ihren Wert zu erhöhen – mit diesem Thema hängen ganz stark die schwachen Felder zusammen. Denn schwache Felder, vor allem im eigenen Lager, sind Ziele für die gegnerischen Figuren. Natürlich kann man Felder nicht schlagen, aber man kann sie besetzen! Ein schwaches Feld, ist ein Feld, das man nicht mehr unter Kontrolle bekommt.

Angriff auf den gegnerischen König: Das Ziel des Schachspiels ist es, den gegnerischen König Matt zu setzen. Das ist der Grund, warum man vor 100 Jahren bereits im fünften Zug den gegnerischen König angriff. Das scheint auf dem ersten Blick eine vernünftige Maßnahme zu sein. Allerdings schwächt man sich durch einen Angriff meistens selbst, ist also zum Erfolg verdammt. Mit der Zeit wurde klar, dass ein direkter Angriff auf den gegnerischen König meistens zum Bumerang wird.

Dennoch spielt der Angriff auf den König in vielen Mittelspielstellungen eine Rolle. In diesem Abschnitt werden wir besprechen, welche Voraussetzungen gegeben sein müssen, damit sich ein direkter Angriff auf den König lohnt.

Bauernstrukturen

Zunächst widmen wir uns den Begriffen Bauernkette und Bauerninseln. Eine Bauernkette sind zusammenhängende Bauern.

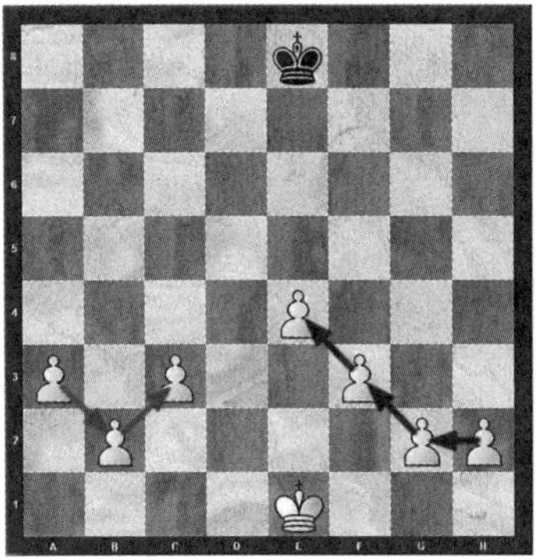

Diagramm 105

In dieser Stellung sehen wir zwei Bauerninseln im weißen Lager. Sie sind getrennt durch die Linien zwischen ihnen, auf denen keine Bauern stehen. Den Bauern, der am weitesten hinten steht, nennt man die Basis der Bauernkette. Sie muss gut beschützt sein; wird sie schwach, wir die ganze Kette angreifbar. Andersherum, bei einer gegnerischen Bauernkette, sollte man immer die Basis angreifen. Also den Bauern, der andere Bauern deckt, aber selber von keinem Bauern der Kette gedeckt wird. Wackelt die Basis, wackelt die Bauernkette.

Bauerninseln unterscheiden sich von Bauernketten insofern, als dass auch ein einzelner Bauer eine Bauerninsel sein kann, wenn auf den Linien neben ihm keine eigenen Bauern mehr stehen. Im folgenden Beispiel gibt es drei Bauerninseln:

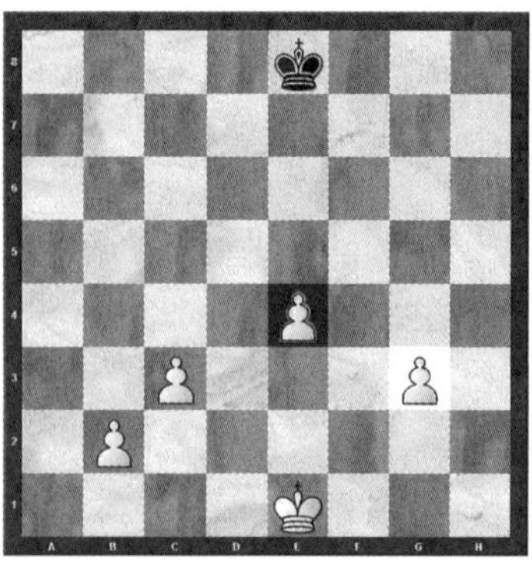

Diagramm 106

Die maximale Anzahl an Bauerninseln beträgt vier, mehr vereinzelte Bauern können nicht auf dem Brett stehen. Im

Allgemeinen gilt, dass es besser ist, wenige Bauerninseln zu haben. Viele Bauerninseln bedeuten viele vereinzelte Bauern, bedeuten viele Schwächen. Zumeist sind zwei Bauernketten realistisch. Denn im Zentrum werden Bauern getauscht und dies führt zu einer Bauernkette am Damenflügel und einer am Königsflügel.

Freibauer

Freibauern spielen eine zentrale Rolle im Schach, vor allem im Endspiel sind sie von entscheidender Bedeutung. Freibauer bedeutet, dass kein gegnerischer Bauer den Freibauern daran hindern kann, die gegnerische Grundreihe zu erreichen und sich dort umzuwandeln. Wenn die Aufgabe, den Bauern aufzuhalten, nicht mehr gegnerische Bauern übernehmen können, müssen es andere Figuren erledigen. Das bedeutet, ein Freibauer kann, wenn es gut läuft, mehrere Figuren an ihn binden, die darauf achten müssen, dass der Freibauer nicht zu gefährlich wird.

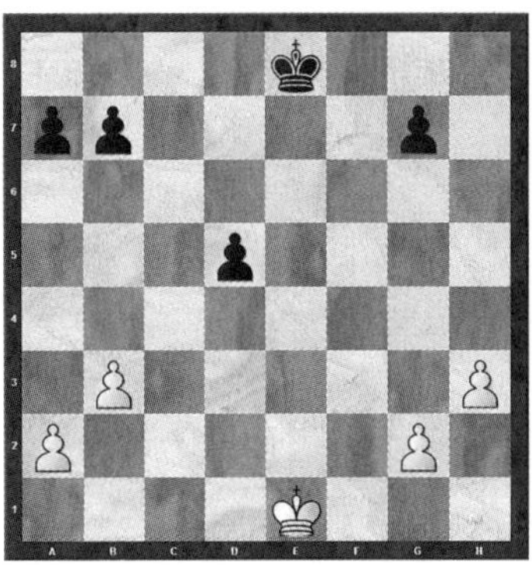

Diagramm 107

In dieser Stellung ist der d-Bauer ein Freibauer, denn es gibt weder einen weißen c-, weißen d- noch weißen e-Bauer, sodass dieser, würde er nicht von anderen weißen Figuren aufgehalten, einfach durchlaufen könnte.

Freibauern werden vor allem im Endspiel gefährlich, warum das so ist, werden wir im Abschnitt über das Endspiel erfahren.

Gedeckter Freibauer

Ein gedeckter Freibauer setzt dem Freibauern die metaphorische Krone auf. Ein gedeckter Freibauer wird von einem befreundeten Bauern beschützt und ist deshalb umso stärker. Denn während man bei einem Freibauern als Gegner die Hoffnung hat, diesen zu schwächen und ihn früher oder später zu gewinnen, bleiben bei einem gedeckten Freibauern ausschließlich die positiven Aspekte.

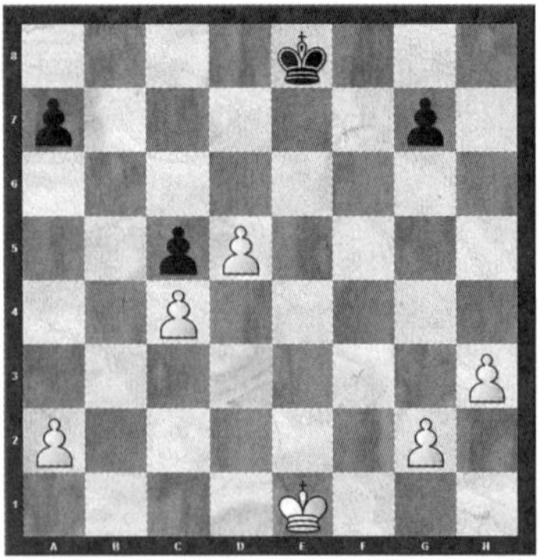

Diagramm 108

Ein schönes Beispiel für die Stärke eines gedeckten Freibauern. Alle schwarzen Figuren greifen den gedeckten Freibauern auf d5 an. Normalerweise ein guter Start, um einen Freibauer zu gewinnen. In diesem Fall hat der weiße Bauer jedoch starke Unterstützung, denn der c4-Bauer deckt den d5-Bauern und verleiht ihn damit große Stärke. Aber auch hier werden wir im Endspielteil lernen, was den gedeckten Freibauern noch besonders macht.

Doppelbauer

Doppelbauer bedeutet, dass zwei Bauern auf der gleichen Linie stehen. Wie im folgenden Diagramm zu sehen:

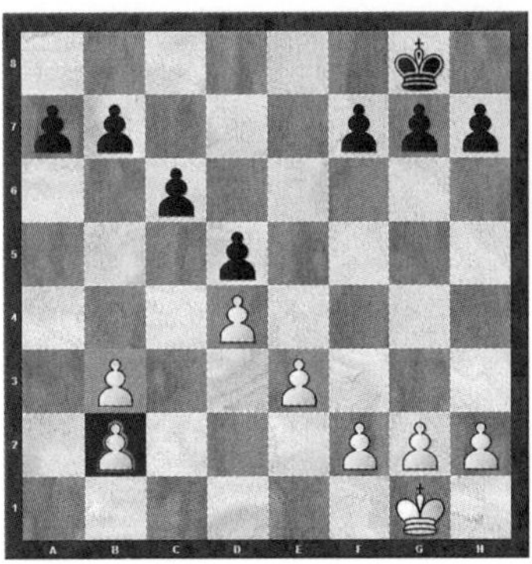

Diagramm 109

Doppelbauern gelten als schwach, da sie sich gegenseitig blockieren, denn der hintere Part des Doppelbauern hat meistens kaum Bewegungsmöglichkeit und ist zum Stillstand verdammt. Es gibt aber auch Situationen, in denen ein Doppelbauer hilfreich sein kann:

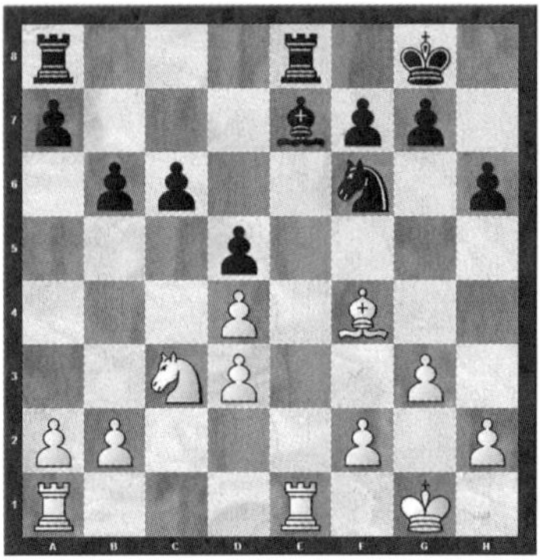

Diagramm 110

In diesem Beispiel deckt der Doppelbauer wichtige Zentrumfelder perfekt ab. Das kann so auch nur ein Doppelbauer. Außerdem ist er hier nicht in der Gefahr angegriffen zu werden, da der schwarze Bauer den Türmen beim Angriff auf den Doppelbauer im Weg steht. Also eine der wenigen Situationen, in denen ein Doppelbauer wirklich stark ist.

Rückständiger Bauer

In diesem Fall beginne ich direkt mit einem Diagramm, da es sonst zu schwer wird, den Begriff des rückständigen Bauern zu erklären. Rückständig bedeutet in diesem Zusammenhang, dass der Bauer zwar noch Nachbarn hat, diese ihn aber nicht mehr unterstützen können, weil sie schon zu weit nach vorne gezogen sind. Das bedeutet, der rückständige Bauer ist schwach, ähnlich wie der später erklärte isolierte Bauer.

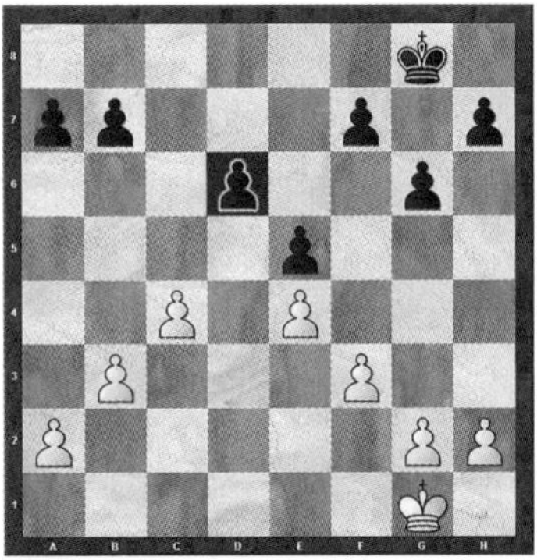

Diagramm 111

Hängende Bauern

Sie sind eine ganz besondere Bauernformation. Sie bilden immer eine eigenständige Bauernkette, zeichnen sich aber überraschenderweise durch die Bauernstellung des Gegners aus.

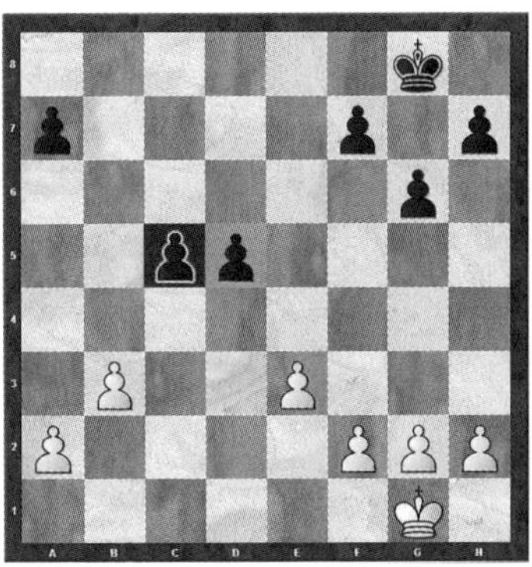

Diagramm 112

Die hängenden Bauern sind der c- und d-Bauer in dieser Kombination. Hinzukommt, dass eben auf diesen Linien, auf der c- und d-Linie, keine gegnerischen Bauern stehen. Somit sind die beiden Bauern einfach von gegnerischen Türmen anzugreifen, allerdings besitzen sie auch eine gewisse Stärke, denn rücken sie in Zusammenarbeit mit anderen Figuren vor, können sie zu starken Freibauern werden.

Isolierter Bauer

Dieser Bauer wird unter Schachspielern auch liebevoll „Isolani" genannt. Ein Isolani ist ein Bauer, der von keinen seiner Bauern mehr gedeckt werden kann. Wenn also beispielsweise der d-Bauer ein Isolani ist, dann bedeutet das, dass weder auf der c- noch auf der e-Linie ein Bauer der gleichen Farbe steht. Ein Isolani gilt allgemein als schwach:

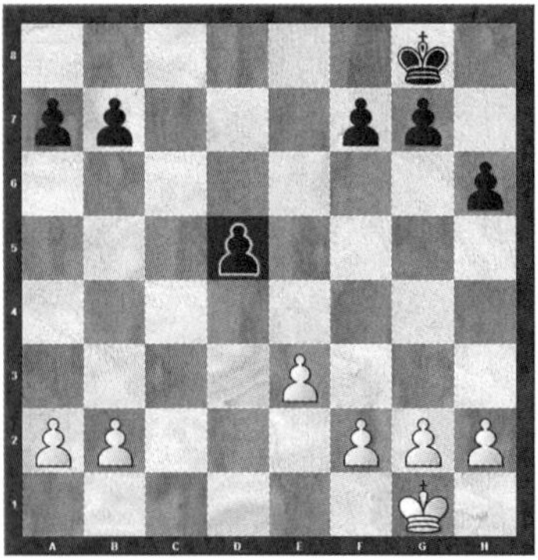

Diagramm 113

Der Grund, dass ein solcher Bauer als schwach gilt, ist, dass nur noch Figuren ihn decken können und es sich somit lohnt den Bauern anzugreifen. Es gibt aber auch eine positive Seite eines Isolanis. Dazu muss man wissen, dass häufig der d-Bauer ein Isolani ist, wie in der obenstehenden Stellung. Das bedeutet, der d-Bauer ist vorgerückt und die c- und e-Bauern haben das Brett verlassen. Das gibt den Figuren viel Platz, um sich optimal zu entwickeln. Somit erhält man aktives Spiel, wenn man einen Isolani in Kauf nimmt. Mal sollte dann aber tunlichst das Endspiel vermeiden, da dann die Schwäche des Isolani zum Tragen kommt.

Starke Figuren/Schwache Figuren

Eben war unser Thema starke und schwache Bauern. Anhand der verschiedenen kategorisierten Bauernstrukturen haben wir festgestellt, wann Bauern gut und wann sie nicht gut sind. Nun werden wir uns starke und schwache Figuren vornehmen. Da gibt es keine festen Konstellationen, aufgrund derer wir beurteilen können, ob die Figur gut oder schlecht positioniert ist. Deshalb werden wir allgemeinere Regeln aufstellen, die ich anhand von Beispielen erläutere. Wir werden den König zunächst vernachlässigen, da wir ihm ein eigenes Kapitel unter der Überschrift „Königsangriff" eingeräumt haben. Es geht nun also um den Springer, den Läufer, den Turm und die Dame. Zu Beginn haben wir gelernt, wie viel die einzelnen Figuren wert sind. Wie bereits erwähnt, ist die Wertigkeit einer Figur eigentlich relativ, denn wenn eine Figur meilenweit vom eigentlichen Spielgeschehen entfernt steht, dann ist nicht so viel wert wie dieselbe Figur des Gegners, die im Angriff mitmischt.

Springer und Läufer

Wir beginnen mit den Leichtfiguren, denn ihre Stärke und Schwäche ist auch und vor allem im Mittelspiel wichtig. Spätestens hier muss man sie gut platzieren und die gegnerischen auf schlechte Felder drängen, um die Partie erfolgreich zu gestalten. Dabei sind einige Dinge zu beachten. Auch wenn wir gelernt haben, dass Springer und Läufer gleich viel wert sind, ist das **Läuferpaar** meistens jeder anderen Konstellation überlegen. Die beiden Läufer harmonieren so gut, da sie sich die Arbeit perfekt teilen. Der eine übernimmt die schwarzen, der andere die weißen Felder. Das kann so wirkungsvoll sonst keine Leichtkombination.

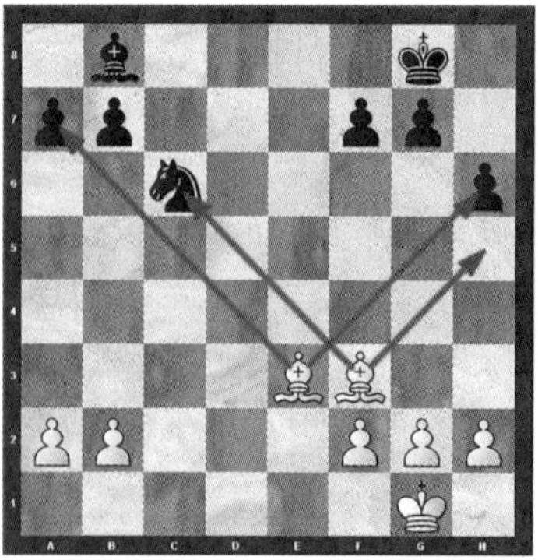

Diagramm 114

Trotzdem gibt es auch hier Unterscheidungen, das Läuferpaar gilt als besonders stark in offenen Stellungen und das Springerpaar in geschlossenen Stellungen. Der Grund ist, dass in offenen Stellungen die Reichweite der Läufer besonders zum Tragen kommt, in geschlossenen Stellungen spielen die Springer ihre Stärke aus, über andere Figuren zu springen. Wie gesagt, in der Mehrheit der Fälle ist das Läuferpaar vorteilhaft, da geschlossene Stellungen offen werden können, offene aber nicht geschlossen.

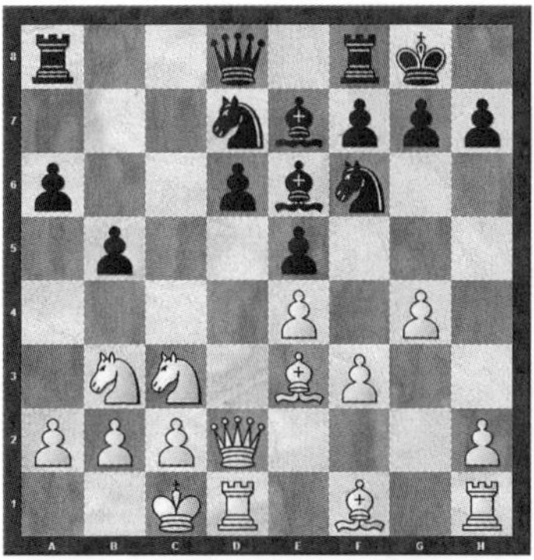

Diagramm 115
Offene Stellung

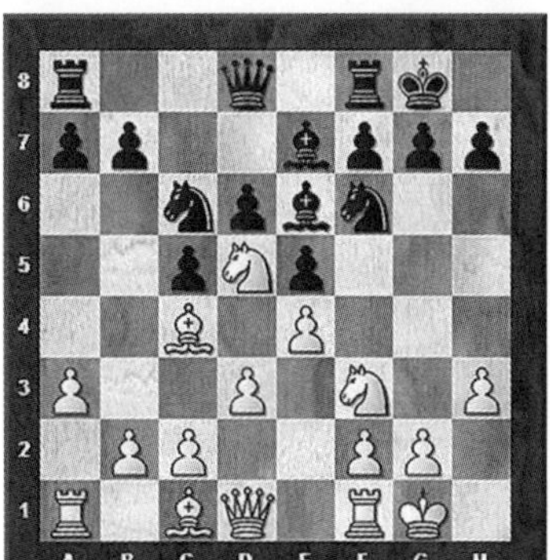

Diagramm 116
Geschlossene Stellung

Der **Springer** ist also besonders stark in geschlossenen Stellungen. Was dem Springer nicht gut bekommt ist, wenn die Felder, auf die er gehen könnte, für ihn tabu sind. Beim Springer ist es nicht entscheidend, dass man ihn angreift, sondern, dass man ihm die Felder nimmt. Der Springer ist nicht so wichtig, als dass man ihn verfolgen müsste, und außerdem findet er durch seine unorthodoxe Gangart immer wieder neue Felder.

Bei zwei Springern kommt es gelegentlich vor, dass sie sich gegenseitig decken:

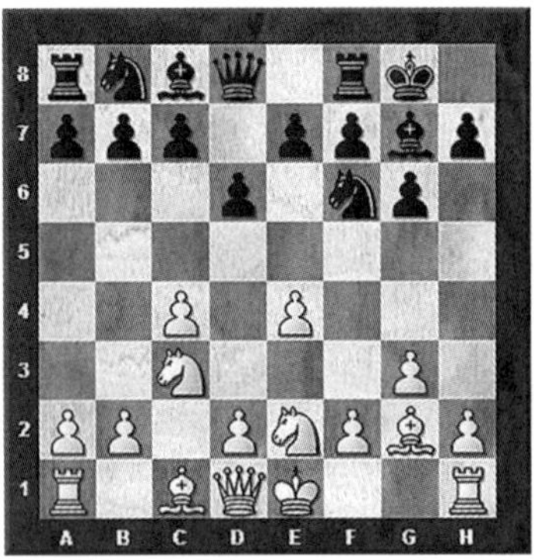

Diagramm 117
2 Springer

Das gilt als nachteilig, zwar könnte man argumentieren, die Springer passen aufeinander auf, was in manchen Situationen auch stimmen mag. In den meisten Stellungen jedoch steht der eine Springer auf einem Feld, auf das der andere gerne gehen würde. Somit beschützen sie sich nicht nur gegenseitig, sondern sie blockieren sich auch.

Im Endspiel ist der Springer schwächer als der Läufer, wenn es Bauern an beiden Flügeln gibt.

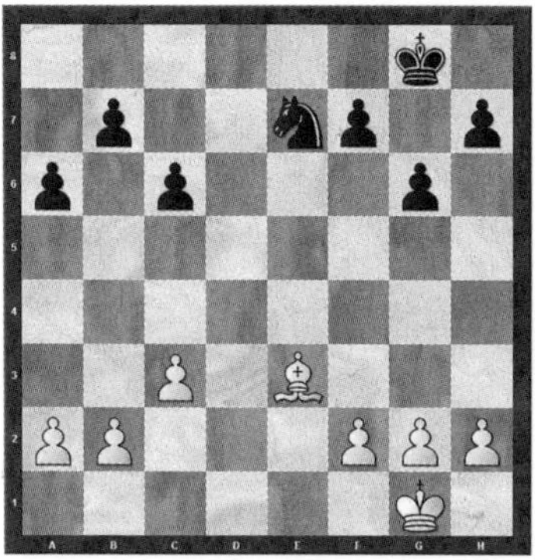

Diagramm 118
Bauern beide Flügel

Das ist auf den zweiten Blick logisch, denn der Läufer kann an beiden Flügeln gleichzeitig wirken, während der Springer immer nur an einem Flügel aktiv sein kann und eine ganze Zeit braucht, um vom einen zum anderen Flügel zu kommen. Wenn es im Endspiel aber nur Bauern an einem Flügel gibt, dann fällt dieser Nachteil, dass sich das Geschehen eben nur an einem Flügel abspielt, nicht ins Gewicht.

Gelegentlich kommt es vor, dass Leichtfiguren gegen einen Freibauern verteidigen müssen, der der Umwandlung gefährlich nahekommt. Den Läufer stellt das vor keine Probleme, er stellt sich weit weg vom Freibauern auf, überdeckt aber das Umwandlungsfeld. Der Gegner kann nichts dagegen ausrichten, denn entweder er kümmert sich mit seinem König um den Läufer oder er unterstützt den Freibauer.

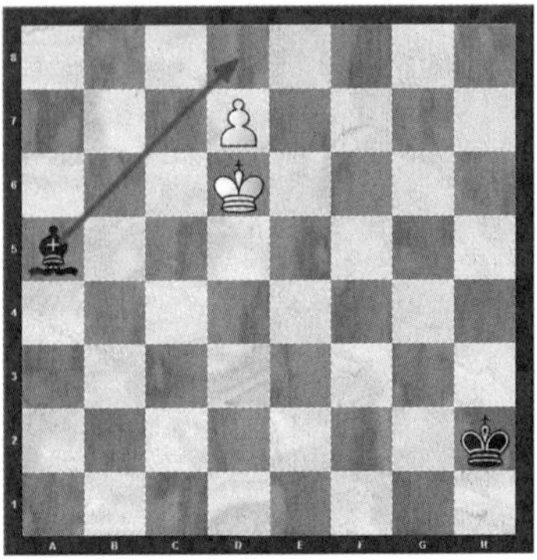

Diagramm 119

Für den Springer ist es jedoch schwieriger, gegen einen Freibauern zu verteidigen, da er keine große Reichweite hat. Bei einem Freibauer im Zentrum fällt dies nicht auf.

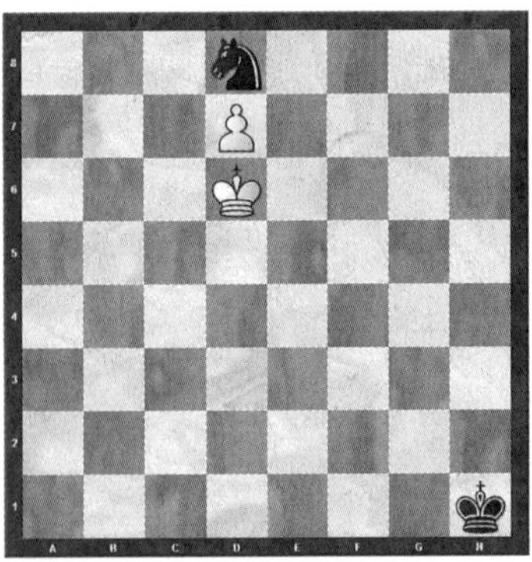

Diagramm 120

In dieser Stellung hat Weiß einen Freibauern auf d7, dieser wird von dem schwarzen Springer auf d8 blockiert. Nun kommt der weiße König ins Spiel. Er wird versuchen den Springer so anzugreifen, dass er sich weit vom d-Bauer entfernen muss, damit dieser durchgehen kann. Das funktioniert hier jedoch nicht, da der Springer nach b7 gehen kann, wenn der König über e7 kommt und nach f7 gehen, wenn der König über c7 kommt.

Jetzt schauen wir uns eine ähnliche Situation an. Nur, dass es diesmal der Randbauer ist, der kurz vor der Umwandlung steht.

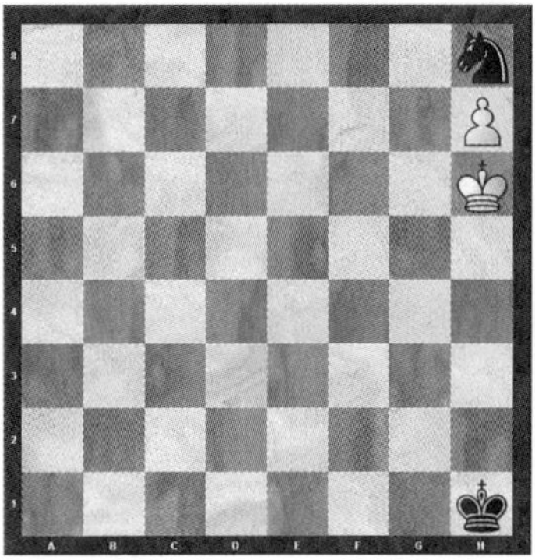

Diagramm 121

Wir haben also den Bauern auf h7, der sich gerne auf h8 in eine Dame umwandeln würde, und den Springer auf h8, der das derzeit verhindert. Jetzt kommt wieder der König ins Spiel. Dieser kann den Springer diesmal nur von einer Seite angreifen. Der Vorteil daran ist, dass der Springer nicht ausweichen kann, somit verloren geht und der Bauer freie Bahn hat. Die Regel die sich daraus ableiten lässt, lautet: *Der Springer ist ein schlechter Verteidiger gegen den Randbauern.*

Widmen wir uns also den **Läufern.** Die Läufer stehen im Allgemeinen besser außerhalb der Bauernkette. Wenn der Läufer hinter der Bauernkette steht, dann hat er wenig Platz seine Stärken zu entfalten:

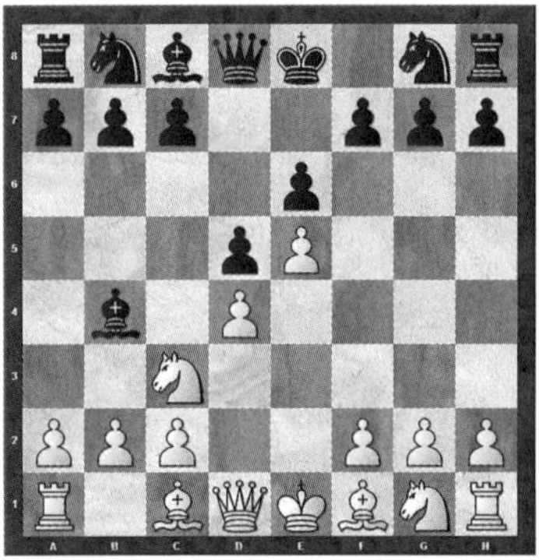

Diagramm 122

Ein gutes Beispiel für einen starken und einen schwachen Läufer. Der auf c8 kommt nicht ins Spiel, da er hinter der Bauernkette eingesperrt ist. Außerdem ist der Bauer auf e6, der den Läufer blockiert dort fixiert, wo er steht. Der Läufer auf b4 hingegen hat den Weg ins gegnerische Lager geschafft und stiftet dort Unruhe, ohne von eigenen Bauern blockiert zu sein.

Wie bereits in den vorangegangen Regeln zu den Springern und Läufern besprochen, sind Läufer besonders stark in offenen Stellungen und Endspielen mit Bauern an beiden Flügeln. Nun haben die Läufer den Malus, dass sie nur auf einer Farbe aktiv sind, das hat Auswirkungen auf die Bauernstruktur. So sollte man darauf achten, dass man nicht in ein Endspiel geht, in dem alle Bauern auf der Farbe des gegnerischen Läufers stehen.

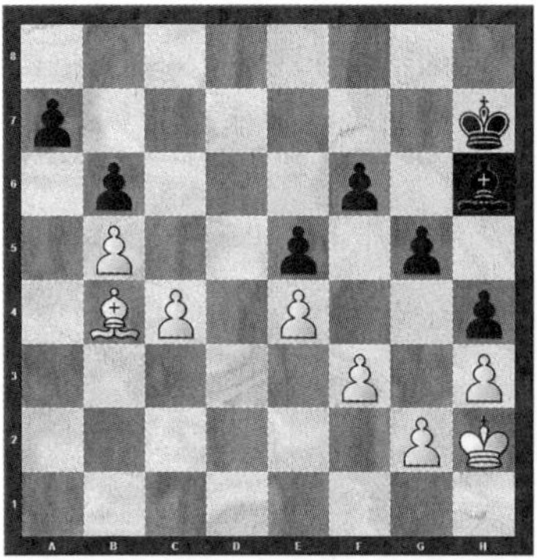

Diagramm 123

In diesem Beispiel stehen die schwarzen Bauern auf der Felderfarbe des weißen Läufers. Das ist ein schlechtes Zeichen für die schwarzen Chancen, denn der Läufer kann sich nun auf die Jagd nach den Bauern machen, ohne dass Schwarz etwas entgegenzusetzen hat.

Ein weiteres Beispiel für die Überlegenheit des Läufers ist, dass zwei Läufer gegen den nackten König matt setzen können. Zwei Springern gelingt das nicht, denn bevor die schwächere Seite Matt gesetzt werden kann, ist automatisch Patt. Klingt komisch, ist aber so!

Schwerfiguren

Die Schwerfiguren stehen auch noch auf dem Programm, wobei hier die Regeln deutlich einfacher sind. Die Türme zum Beispiel gehören auf offene Linien. Durch ihre Eigenschaft, geradeaus ziehen zu können, wirken sie am besten auf Linien, auf denen keine Bauern mehr stehen.

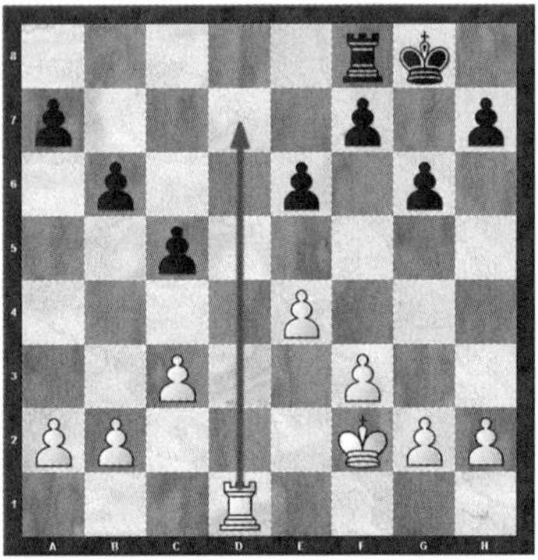

Diagramm 124

Später dann steht der Turm noch besser, wenn man ihn, meistens im Endspiel, auf die zweite Reihe des Gegners stellt. Wie in dieser Stellung:

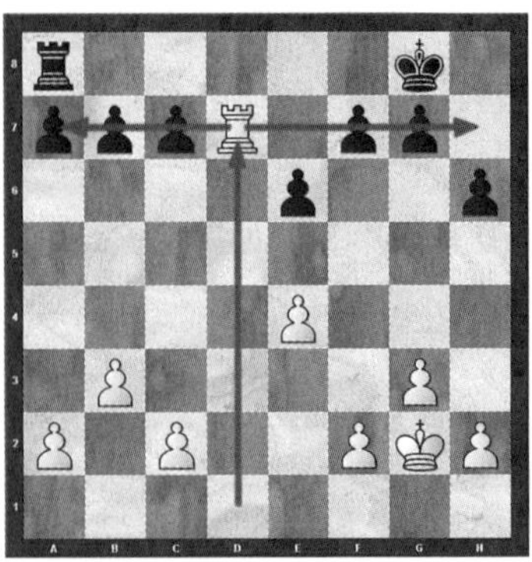

Diagramm 125

Auch wenn Bauern während der gesamten Partie ziehen dürfen – genau wie alle anderen Figuren auch –, stehen die meisten Bauern sogar im Endspiel noch auf ihrem Startplatz, also auf der zweiten bzw. siebten Reihe. Deshalb stehen hier auch die Türme stark, um so viele Bauern wie möglich anzugreifen. Außerdem können Bauern auf der zweiten/siebten Reihe nicht von eigenen Bauern gedeckt werden. Man sollte also darauf achten, dass einem so etwas wie in der obenstehenden Stellung nicht passiert. Wenn man die schwächere Seite führt, also diejenige, die verteidigt, dann kann man selber einen Turm auf die eigene zweite Reihe stellen, um den Gegner vom Eindringen des Turms abzuhalten:

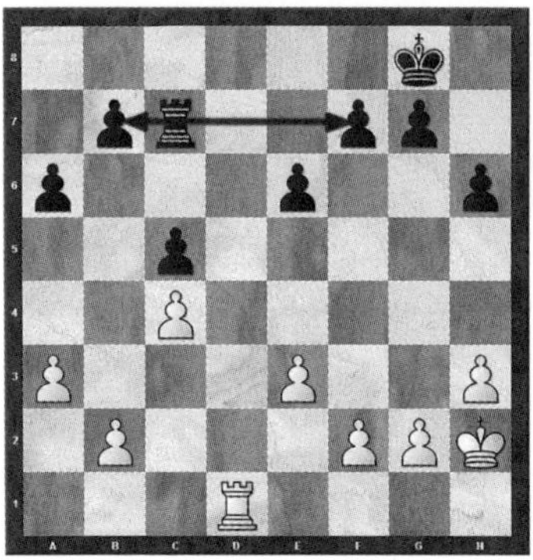

Diagramm 126

Wie die Leichtfiguren, müssen auch gelegentlich Türme gegen Freibauern verteidigen oder, was auch häufig vorkommt, einen seiner eigenen Freibauern unterstützen.

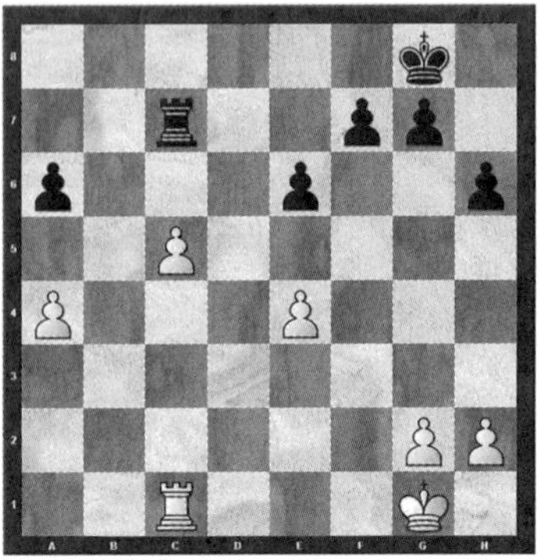

Diagramm 127

Das tut er am besten, indem er sich hinter den Freibauern stellt, denn so unterstützt er das Verlaufen am effektivsten. Das gleich gilt fürs verteidigen. Hinter dem Bauern kann der Turm aktiv bleiben und gleichzeitig den Bauern am Vorgehen hindern.

Den Freibauern von vorne zu verteidigen/aufzuhalten ist auch möglich, aber nicht so aktiv bzw. gut als wenn er von hinten verteidigt wird.

Zwar erfüllt der Turm da grundsätzlich die gleichen Aufgaben wie hinter dem Bauern, aber mit dem Unterschied, dass der Turm den Bauern nicht nur unterstützt, sondern ihn auch blockiert. Denn bevor der Bauer durchgeht, muss der Turm erst aus dem Weg.

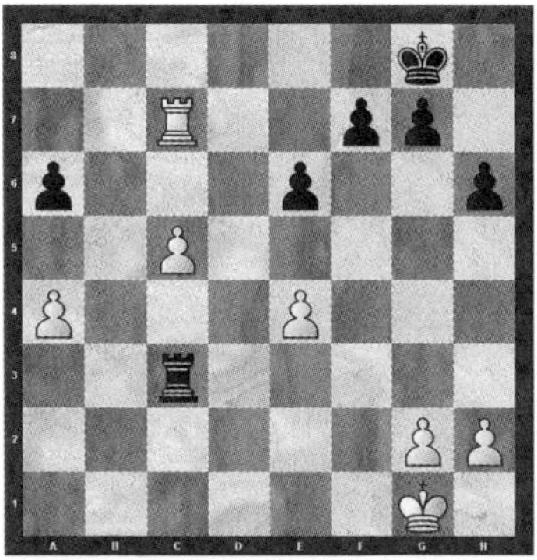

Diagramm 128

Noch schlimmer ist es, wenn der Turm den Bauern von der Seite deckt. Denn dann wird der Bauer nur gedeckt und nicht beim Vorgehen unterstützt. Außerdem muss der Turm auf dieser Reihe bleiben, um den Bauern gedeckt zu halten und kann somit nicht aktiv werden.

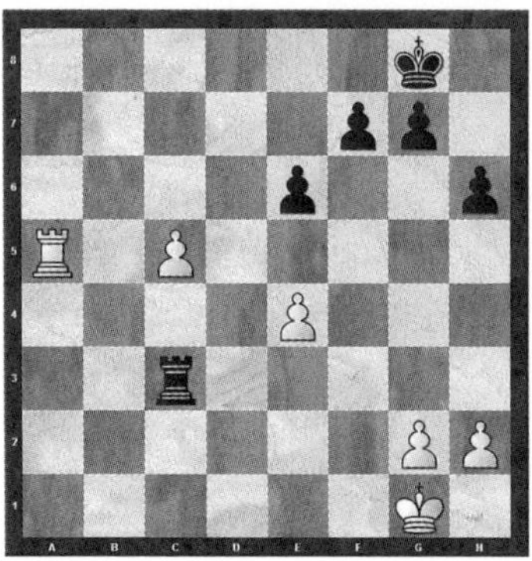

Diagramm 129

Damit haben wir die wichtigsten Eigenschaften des Turms, seine Stärken und Schwächen, besprochen.

Die Dame

Bei der Dame ist es schwieriger, allgemeine Regeln aufzustellen. Wir wissen, dass die Dame in der Eröffnung nicht zu früh aktiviert werden sollte. Sobald sie zu weit ins Spielfeld entwickelt wurde, setzt sie sich der Gefahr aus, von gegnerischen Leichtfiguren angegriffen zu werden.

Andererseits ist sie im Angriff die wichtigste Figur, kann also dem gegnerischen König im Vergleich zu den anderen Figuren am gefährlichsten werden. Das bedeutet, wenn man meint, beim gegnerischen König Schwächen erkannt zu haben, sollte man einen Weg für die Dame finden, so schnell wie möglich in die Nähe des gegnerischen Königs zu kommen. Aber dazu mehr im Abschnitt mit dem Königsangriff.

Auch wenn die Dame im Zentrum gefährdet ist, steht sie dort optimal. Nirgendwo sonst deckt sie so viele Felder ab, wie mitten auf dem Brett:

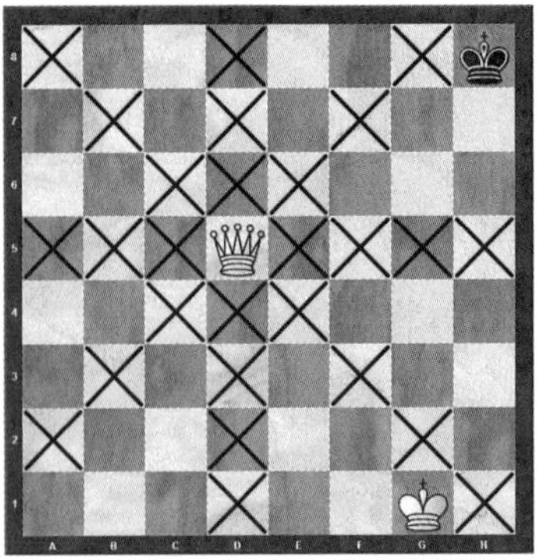

Diagramm 130

Man muss nur darauf achten, dass sie nicht zu schnell aus dem Zentrum vertrieben werden kann, dann hat man alles richtig gemacht.

Im Endspiel gibt es für uns zunächst keine wichtige Grundregel für die Dame. Nur, dass es im Damenendspiel die große Gefahr gibt, dass es zu einem Dauerschach kommt.

Schwache Felder

Wir haben festgestellt, dass Figuren gut und schlecht, stark und schwach sein können. Dasselbe gilt für die Bauern. Sie sind deutlich weniger mobil als alle anderen Figuren und so können sie, sind sie einmal schwach, dauerhaft zur Last werden. Auch hierzu haben wir uns verschiedene Bauernkonstellationen bzw. Strukturen angeschaut. Jetzt gibt es aber auch, man mag es nicht glauben, schwache Felder. Vorteil diese Felder ist, dass sie keinen eigenen Wert haben, der Nachteil ist: Felder dürfen nicht wegziehen und bleiben somit häufig langfristig schwach. Was versteht man unter einem schwachen Feld?

Ein schwaches Feld entsteht, wenn ein Feld nicht mehr von eigenen Bauern unter Kontrolle gebracht werden kann und von gegnerischen Bauern kontrolliert wird. Ein klassisches Beispiel ist das folgende:

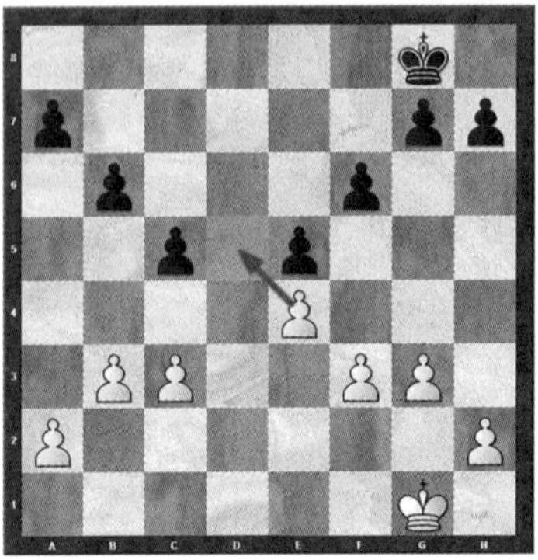

Diagramm 131

Ein schwaches Feld ist so problematisch, weil sich dort gegnerische Figuren einnisten können, diese können dann nicht mehr von Bauern vertrieben werden, sondern maximal mit einer Figur getauscht werden. Das führt, wenn der Bauer wiederschlägt, meistens zu einem Freibauern:

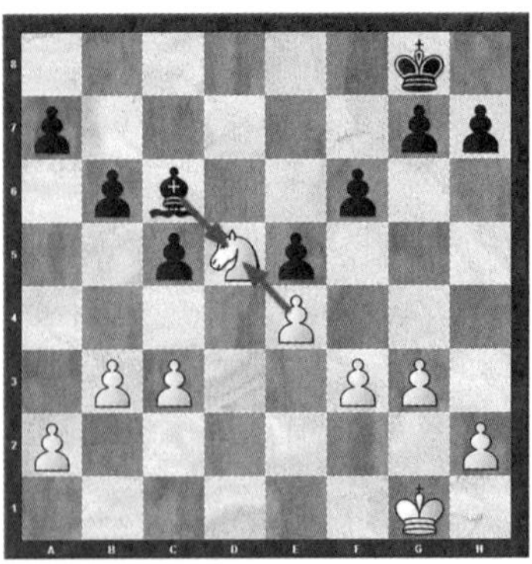

Diagramm 132

Das bedeutet ein schwaches bzw. je nach Sichtweise starkes Feld, definiert sich auch dadurch, dass eine Figur dieses Feld erreichen kann. Ist das nicht der Fall, ist dieses Feld genauso wertvoll wie alle anderen Felder.

Je weiter das Feld im Zentrum ist, desto nachteiliger ist es, ein schwaches Feld zu haben. Denn desto schlimmer und gefährlicher wird es, wenn eine Figur dieses Feld erreicht. Eine typische weitere Struktur eines schwachen Feldes ist folgende:

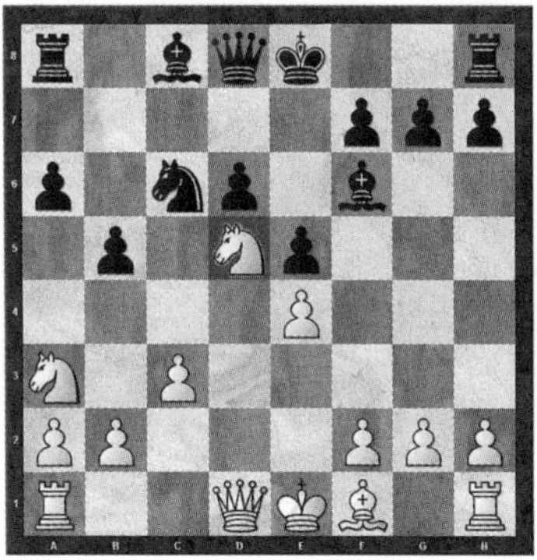

Diagramm 133
Die Sveshnikov-Variante

Der Bauer d6 von Schwarz ist ein sogenannter rückständiger Bauer. Das Feld davor, namens d5, kann nicht mehr von einem schwarzen Bauern angegriffen werden und ist durch den Bauern c4 und den Bauern e4 fest in weißer Hand. Damit entspricht es der Definition eines schwachen Feldes. In diesem Fall strebt der Springer, wie so häufig, auf das schwache Feld

Königsangriff

Jetzt kommt der harte Bruch zu einem ganz anderen Thema, denn diesmal geht es um den direkten Angriff auf den gegnerischen König. Man könnte meinen, dass das eher ein taktisches als ein strategisches Thema ist. Es ist ein bisschen was von beidem. Allerdings kann man die Taktik bei einem Königsangriff erst einsetzen, wenn man die strategischen Voraussetzungen dafür korrekt gesetzt und eingeschätzt hat.

Merke: Bei einem Königsangriff gibt es verschiedene typische Stellungen und Regeln zu beachten, damit ein Angriff funktioniert bzw. die ausmachen, ob ein Angriff funktioniert. Die erste und wichtigste Regel lautet: Bei einem Angriff müssen viele Figuren beteiligt sein!

Wenn man es weiß, hört es sich logisch an: Eine Figur alleine wird den König nicht matt setzen, man braucht viele Figuren, wie bei einer guten Party, die gemeinsam dem gegnerischen König zu Leibe rücken. Deshalb entwickeln wir zu Beginn einer Partie schnell und effektiv unsere Figuren, damit alle Figuren, egal wo der König steht, so schnell wie möglich beim Angriff mitmachen können.

Merke: Gibt es mehr Angreifer als Verteidiger, ist ein Angriff vielversprechend.

Ebenfalls logisch, wenn man es weiß: Wenn die gegnerischen Figuren abseits vom König stehen, dann könnte die richtige Zeit für einen Angriff sein – vor allem wenn die eigenen Figuren nahe dem gegnerischen König postiert sind.

Merke: Die Rochade des Gegners zu verhindern ist erstrebenswert.

Die Rochade ist, wie vielfach erwähnt, zentral für die Königssicherheit. Es gibt Situationen, in denen eine Seite dies vernachlässigt, da sie der Meinung ist, besseres zu tun zu haben als zu rochieren. Das gibt die Gelegenheit, die Rochade des Gegners zu verhindern, um den gegnerischen König im Zentrum zu halten, wo man ihn erlegen kann. Das ist gelegentlich auch das eine oder andere Bauernopfer wert, da die Schwäche des Königs ausreichend dafür kompensiert.

Merke: Ein Angriff gegen die gegnerische Rochade ist häufig mit einem Opfer verbunden.

Nach der Rochade steht der König sicher, da er von gesund stehenden Bauern beschützt wird. Häufig muss der Angreifer deshalb zu härteren Maßnahmen greifen, um den gegnerischen König zu entblößen. Ein klassisches Mittel ist zum Beispiel nach der kurzen Rochade von Schwarz, Figurenopfer gegen die Bauern h7 und g7. Wenn man dann noch ausreichend Angreifer zur Verfügung hat, kann sich das Figurenopfer als nützliche Investition erweisen. Für solche Opfer ist allerdings eine gewisse Risikobereitschaft erforderlich, da man sich meistens nicht sicher sein kann, dass der Angriff am Ende funktioniert. Denn läuft der Angriff ins Leere, steht man mit einer Figur weniger da.

Merke: Rochaden in unterschiedliche Richtungen befeuern einen direkten Königsangriff.

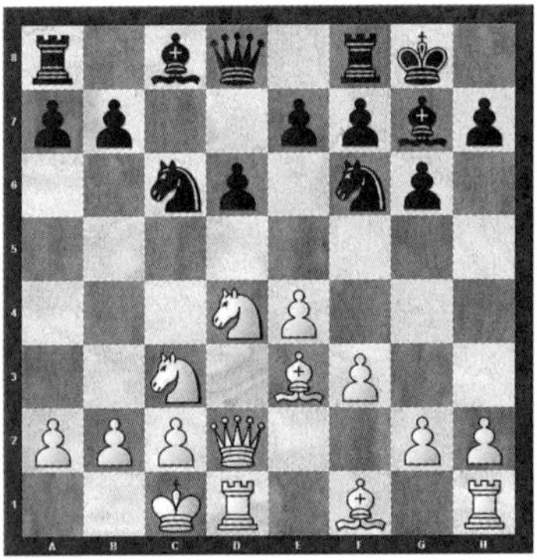

Diagramm 134
Sizilianisch

Rochaden in unterschiedliche Richtungen, wie im obenstehenden Diagramm zu sehen, deuten darauf hin, dass der entscheidende Faktor der Partie der Königsangriff wird. Diesen startet man häufig mit den Bauern. Hier würde Schwarz also gerne b5 und a5 angreifen, während Weiß mit g4 und h4 zum Angriff ansetzt. Das geht nur, wenn in unterschiedliche Richtungen rochiert wird. Hätte Weiß in der Stellung auch kurz rochiert, würde ein Angriff mit den Bauern am Königsflügel den eigenen König schutzlos zurücklassen, andererseits würde der schwarze Angriff mit b5 und a5 etwas ins Leere laufen.

Merke: Das Läuferopfer auf h2/h7 ist ein wichtiges Angriffsinstrument gegen die kurze Rochade.

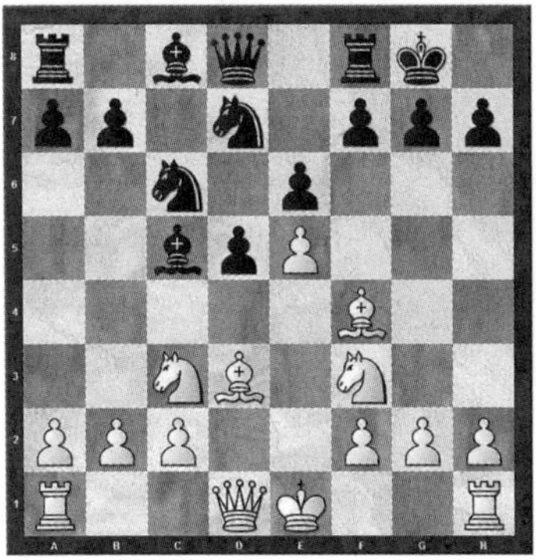

Diagramm 135

Gegen die kurze Rochade gibt es gelegentlich das interessante Motiv eines Läuferopfers auf h7 oder h2, welches dem gegnerischen König aufzeigt, dass zu wenige Figuren beim König als Verteidiger gelassen wurden. Dabei sind einige Grundvoraussetzungen zu beachten, die für ein erfolgreiches Opfer gegeben sein sollten.

Es sollte kein Springer auf f6 stehen. Steht ein Springer auf f6, deckt das Feld auf h7 und somit muss der König nicht auf h7 schlagen, sondern kann dies vom Springer erledigen lassen.

Der weiße Springer sollte auf f3 stehen. Die Idee des Läuferopfers auf h7 ist, nach Kxh7 mit Sg 5+ fortzusetzen und somit den König weiter unter Druck zu setzen. Wichtig ist, dass der Springer auf g5 nicht geschlagen werden darf, ansonsten verpufft der gesamte Angriff.

Die weiße Dame sollte auf d1 stehen, damit sie nach dem Schach auf g5 vom Springer und dem Rückzug des Königs nach g8 nach h5 gehen kann, um f7 vernichtend Matt zu drohen.

Die beste Verteidigungsidee für Schwarz in diesem konkreten wie in vielen anderen Fällen ist, nach dem Schach auf g5 die Flucht nach vorne anzutreten.

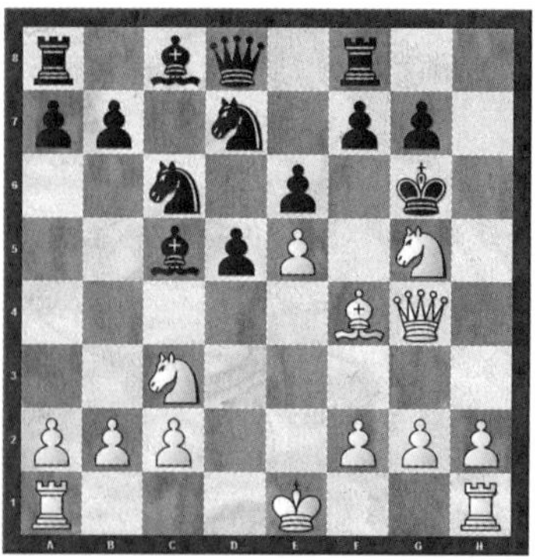

Diagramm 136

In dieser Stellung sollte Schwarz also Kg6 versuchen. Auch, um Dh5 den Wind aus den Segeln zu nehmen. Trotzdem gelingt es Weiß, mit Dg4 und Abzugsdrohungen des Springers gutes Spiel zu erhalten. Wenn man sich erst einmal sicher in dieser Situation befindet, dann sollte man natürlich noch versuchen, dem Gegner so viele Schwierigkeiten wie nur möglich zu bereiten, also Kg6!

Merke: Die Bauernstruktur vor dem rochierten König sollte geschwächt werden.

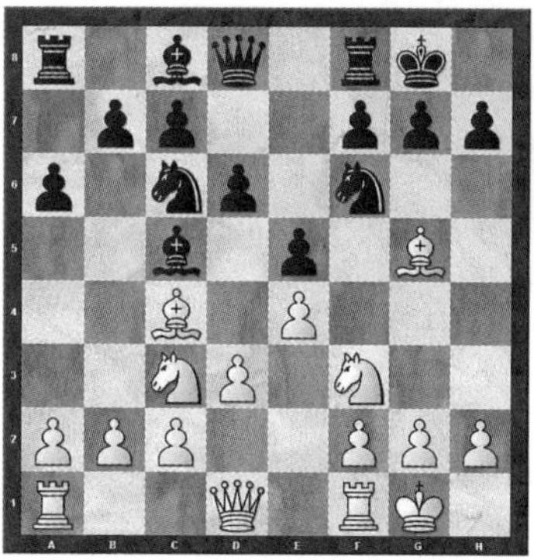

Diagramm 137
Italienisch mit schlagen auf f6

In der Regel ist nach der kurzen Rochade noch alles im Lot. Die Bauern stehen stramm ohne eine Lücke vor dem König und beschützen diesen. Wenn man den König angreifen möchte, dann muss man diese Bauernstruktur erschüttern, mit dem Opfer auf h7 haben wir bereits eine sehr rabiate Möglichkeit kennengelernt. Jetzt gibt es noch eine sehr viel langfristigere Möglichkeit. In der Stellung zu diesem Thema sehen wir, dass der Springer auf f6 vom Läufer auf g5 gefesselt ist. Würde der Springer wegziehen, hinge die Dame auf d8. Würde der Läufer auf f6 schlagen, kann Weiß nicht darauf hoffen, dass der Bauer wiederschlägt, da das die schwarze Königsstellung schwächen würde. Die Dame würde in diesem Fall zurückschlagen. Deshalb muss der Angriff auf den Springer mit Sd 5 verstärkt werden.

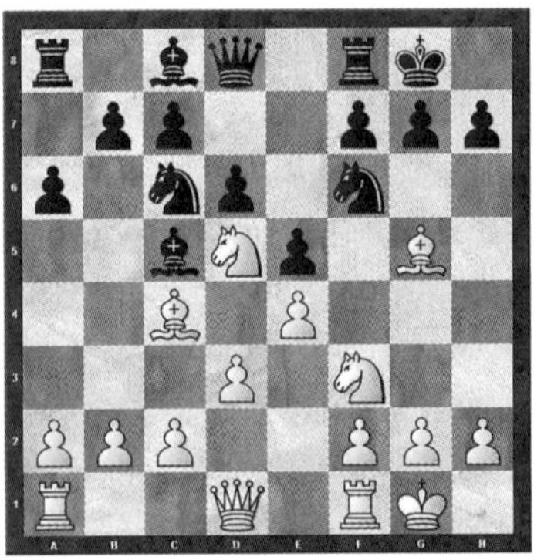

Diagramm 138

Nun ist der Springer zwei Mal angegriffen, Schwarz schafft es in dieser Stellung nicht, den Springer zu unterstützen, sodass nach einem Zug wie zum Beispiel Le6 dann Sxf6+ folgt und der Bauer zurücknehmen muss. Damit entsteht folgende Stellung:

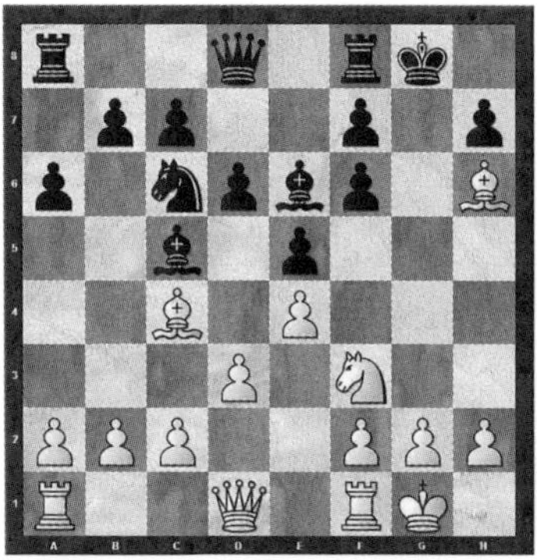

Diagramm 139

Der Bauer musste wiedernehmen und Weiß hat es geschafft, die Königsstellung von Schwarz zu schwächen. Wie muss man jetzt fortfahren? Der nächste konsequente Zug ist Lh6, der Läufer nutzt das durch gxf6 freigewordene Feld h6, greift von da aus den Turm auf f8 an, der sich jetzt nach e8 verzieht. Jetzt ist der Plan von Weiß mit Dg4+ gefolgt von Dg7# die Partie zu gewinnen, das klappt manchmal, manchmal klappt es nicht. Im Gegensatz zu dem Läuferopfer auf h7 ist man hier nicht zum Matt setzen verdammt, da Weiß nichts weniger hat.

Es folgt eine Partie, die veranschaulicht, wie ein erfolgreicher Königsangriff laufen kann.

Movsesian, Sergei (2668) – Kasparov, Garry (2851)

Sarajevo Bosnia 30th Sarajevo (11), 29.05.2000

1.e4 In dieser Partie möchte ich Ihnen zeigen, wie ein Angriff auf den König ablaufen kann, dafür habe ich mir eine Partie von niemand geringerem als dem großen Garry Kasparov ausgesucht, der über viele Jahre die Schachwelt dominiert hat und immer noch, neben Bobby Fischer und Magnus Carlsen, als stärkster Schachspieler aller Zeiten gilt. Diese Partie spielte er gegen den Armenier Sergej Movsesian, der auch heutzutage noch fester Bestandteil der sehr erfolgreichen armenischen Nationalmannschaft ist. In dieser Partie wird die Sizilianische Verteidigung behandelt, die bekannt dafür ist, dass beide Seiten den Gegner ohne große Verzögerung und unter Vernachlässigung anderer strategischer Prinzipien angreifen. **1...c5 2.Sf3 d6 3.d4 cxd4 4.Sxd4 Sf6 5.Sc3 a6** Die sogenannte Najdorf-Variante in der Sizilianischen Verteidigung. Diese Variante gilt seit Jahrzehnten als beliebtestes Abspiel innerhalb der Sizilianischen Verteidigung. **6.Le3 e6** e5 gilt als Hauptalternative und auch hier gibt es endlos Theorie, aber natürlich kann auch e6 gespielt werden. **7.f3 b5 8.Dd2 Sbd7 9.0–0–0** (Diagramm 140)

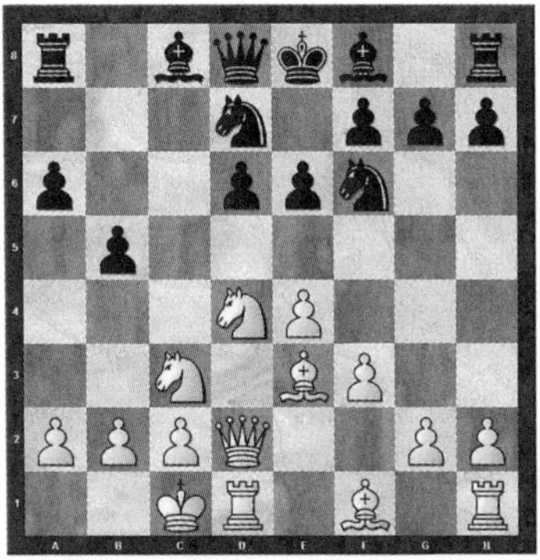

Diagramm 140

Weiß macht keinen Hehl aus seiner Intention, am lang zu rochieren und verzögert dies auch nicht, auch wenn Schwarz bereits mit a6 und b5 an diesem Flügel seine Bauern vorgeschoben hat. Weiß setzt darauf, dass Schwarz früher oder später kurz rochieren muss und wird prophylaktisch schon einmal am Königsflügel angreifen. **9...Lb7 10.g4 Sb6 11.Df2 Sfd7 12.Kb1 Tc8 13.Ld3** (Diagramm 141)

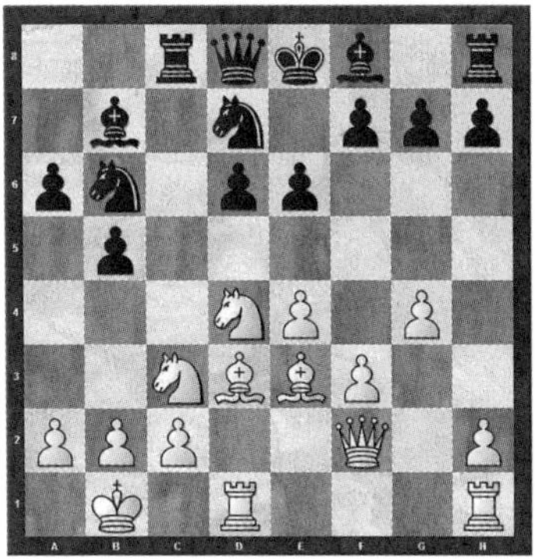

Diagramm 141

Weiß ist hervorragend entwickelt, er könnte eigentlich sehr zufrieden mit seiner Stellung sein. – Wenn es Schwarz nicht geschafft hätte, alle Figuren, die er bisher gezogen hat, in Richtung des weißen Königs zu bringen. Nun folgt der Kracher! **13...Txc3!? 14.bxc3** Schwarz hat seinen Turm für den Springer geopfert, dafür bekommt er eine zerstörte weiße Bauernstruktur vor dem weißen König. Jetzt muss Schwarz weitere Figuren ins Spiel bringen, um den weißen König in Bedrängnis zu bringen. **14...Dc7 15.Se 2 Le7 16.g5 0–0** Da der schwarze Turm auch zur Party will, rochiert Schwarz in den Angriff des weißen Richtung Königsflügel und muss nun mit Hilfe des Turms schneller am Dameflügel sein. **17.h4 Sa 4 18.Lc1 Se 5 19.h5 d5** Ein wichtiger Aktivierungszug für den Läufer auf e7, der bisher vom Bauer auf d6 blockiert wurde. **20.Dh2 Ld6 21.Dh3 Sxd3** (Diagramm 142)

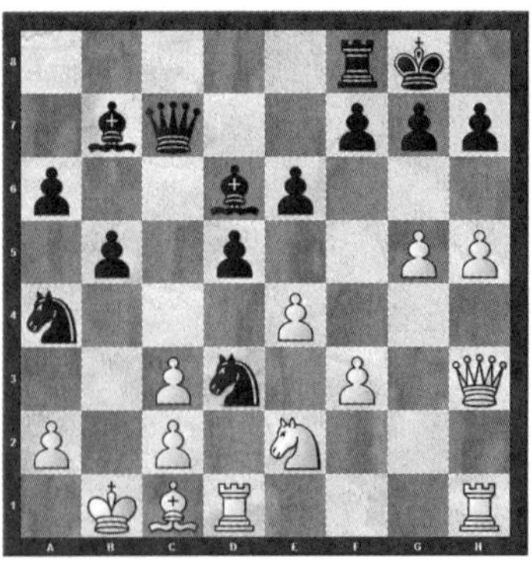

Diagramm 142

Ein Verteidiger wird geschlagen. **22.cxd3 b4 23.cxb4 Tc8** Alle schwarzen Figuren machen im Angriff mit, während der weiße Angriff zu langsam zu sein scheint. Denn die weißen Bauern haben es noch nicht geschafft, auf die schwarzen Bauern zu stoßen und somit Linien gegen den schwarzen König zu öffnen. **24.Ka1 dxe4 25.fxe4 Lxe4** Alle Figuren, die nicht gebraucht werden, um Matt zu setzen, werden als Opfergabe gesehen, in dieser Stellung würde das Schlagen des Läufers auf e4 sogar sofort die weiße Niederlage bedeuten. **26.g6** Zu spät, um Schwarz ernsthaft in Gefahr zu bringen, der weiße König ist bereits freigelegt und wird nun zur Strecke gebracht. [26.dxe4 Le5+ 27.Kb1 Dc2#] **26...Lxh1 27.Dxh1 Lxb4** Inzwischen hat Schwarz sogar einen Bauern mehr, den er aber gleich wieder abgibt. **28.gxf7+ Kf8** (Diagramm 143)

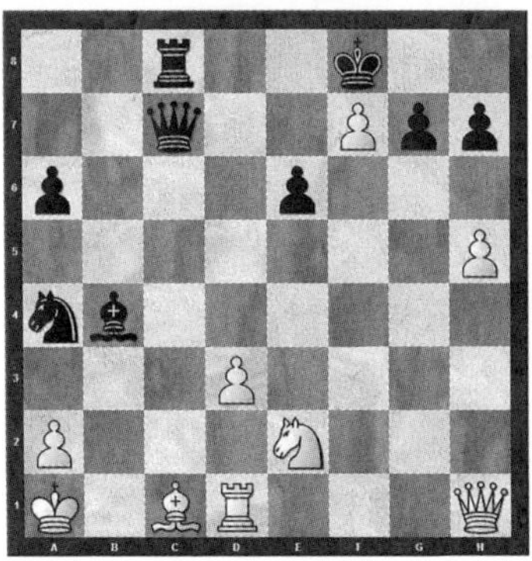

Diagramm 143

Der erste Reflex ist, den Bauer zu schlagen, aber das würde unnötig Linien öffnen, der König steht auf f8, mit dem Blockadebauer f7 sehr sicher. **29.Dg2 Tb8 30.Lb2 Sxb2 31.Sd 4 Sxd1 32.Sxe6+ Kxf7** (Diagramm 144)

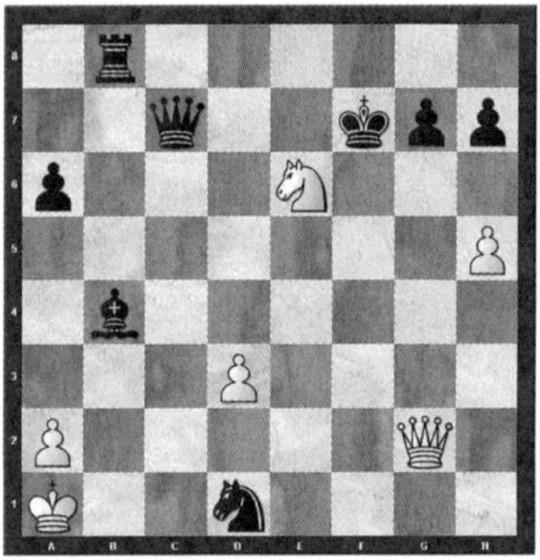

Diagramm 144

Und Weiß hat genug, da nach Sxc7 Lc3 mit beinah-Matt folgen würde. **0–1**

Wieder haben Sie einige Werkzeuge an die Hand bekommen, mit denen Sie Ihr Spiel verbessern können. Die Ideen habe ich Ihnen auf dem Silbertablett serviert. Jetzt ist es an Ihnen, in der Praxis festzustellen und ein Gefühl dafür zu entwickeln, wann was funktioniert. Denn es gibt eben auch Stellungen, in denen sich ein Angriff auf den König nicht anbietet, wo man sich vielleicht auf die Bauernstruktur oder auf die Verbesserung der Positionierung einzelner Figuren konzentrieren muss. Also: üben, üben, üben!

5 DAS ENDSPIEL

Wir kommen zur letzten Spielphase der Schachpartie. Im Training wird das Endspiel häufig vernachlässigt. Es gilt einerseits als langweilig und andererseits kommt es in vielen Partien gar nicht zum Endspiel, da die Partie bereits im Mittelspiel entschieden wurde. Das Endspiel zeichnet sich durch verschiedene Dinge aus. Zentrale Punkte, an denen man ein Endspiel erkennen kann, sind:

1. Der König ist außer Gefahr, Matt gesetzt zu werden.
2. Das Material wurde durch zahlreichen Abtausch reduziert.

Daraus ergeben sich verschiedene Konsequenzen, wie man ein Endspiel behandeln sollte. Ganz grundsätzlich kann man festhalten, dass man nicht mehr genug Figuren hat, um den König Matt zu setzen. Deshalb ist eine zentrale Idee des Endspiels, einen Bauern auf der gegnerischen Grundreihe in eine Dame umzuwandeln, um diese Mattgefahr wieder zu erzeugen.

Dadurch, dass viele Figuren getauscht werden, wird die Positionierung der übrig gebliebenen Figuren wichtiger. Jede Figur sollte gut stehen, da es kaum andere Figuren gibt, die schlechte Stellungen einer Figur ausgleichen können. Da der König nicht mehr in Gefahr ist, wird auch der König zu einer wichtigen Figur, die aktiv ins Spielgeschehen eingreifen sollte. Die Spielstärke des Königs kann im

Endspiel mit drei Eiskugeln bewertet werden, auch wenn er natürlich nicht abgetauscht werden darf.

Neben den sogenannten Leichtfigurenendspielen werden wir uns nun vor allem auf Bauernendspiel und Turmendspiele konzentrieren. Die Bauernendspiele sind die reinste Form des Endspiels, da nur noch die Bauern und die Könige auf dem Brett stehen.

Darüber hinaus gibt es in Bauern und Turmendspielen einige Standardstellungen, die auch Sie am Beginn einer „Schachkarriere" kennen sollten. Dabei geht es um einfache Wege, um bestimmte Stellungstypen zu gewinnen oder Remis zu halten. Dieses Wissen ist so wichtig, da es kaum etwas gibt, das ärgerlicher ist als eine gewonnene Stellung nicht zu gewinnen bzw. eine Remisstellung zu verlieren.

Wichtig! Es ist hier besonders sehr förderlich, parallel zum Buch ein Schachbrett zur Seite zu haben, auf dem man die verschiedenen Stellungen aufbaut. Zwar gibt es in diesem Buch über 200 Schachdiagramme, die die jeweilige Stellung visualisieren. Im Endspielabschnitt sollten Sie aber unbedingt ein Schachbrett zurate ziehen, denn nun kommt es tatsächlich auf Nuancen in den Stellungen an. Der Bauer steht ein Feld weiter vor? Das Ergebnis kann ein komplett anderes sein. Also, falls Sie kein Schachbrett haben, bestellen Sie eins, Sie werden es für Ihre Schachkarriere ohnehin brauchen. Schachbretter samt Figuren gibt es bei diversen Schachhändlern für zehn bis 15 Euro.

Die Opposition

Ein Begriff, der Ihnen bis jetzt vermutlich eher aus dem politischen Bereich zur Bezeichnung des Konterparts der Regierung bekannt war. Nun kommt ein weiterer Bereich, in dem dieses Wort eine wichtige Rolle spielt – Schach! Als Opposition bezeichnet man im Endspiel die Situation, wenn sich beide Könige gegenüberstehen:

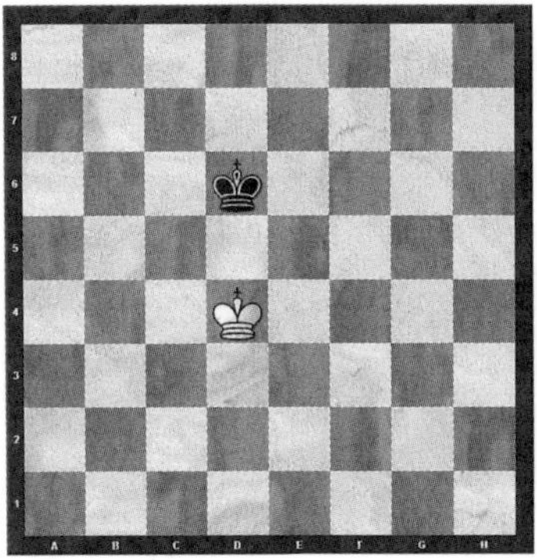

Diagramm 144.1

Die beiden Könige stehen in der Opposition, sie stehen sich also mit einem Feld Abstand gegenüber. Nun gibt es in diesem Zusammenhang auch noch den vielleicht sogar wichtigeren Ausdruck „die Opposition haben" bzw. „in die Opposition gehen". Derjenige hat die Opposition, der in einer Stellung mit gegenüberstehenden Königen *nicht* am Zug ist. Denn die Seite mit dem Zugrecht muss aus der Opposition gehen, da der König ja kein Schach geben kann. Wenn der König aus der Opposition gezogen wurde, kann der Gegner entscheiden, ob er wieder in die Opposition möchte oder der König einen anderen Weg einschlagen soll. Wichtig wird das in Stellungen wie dieser:

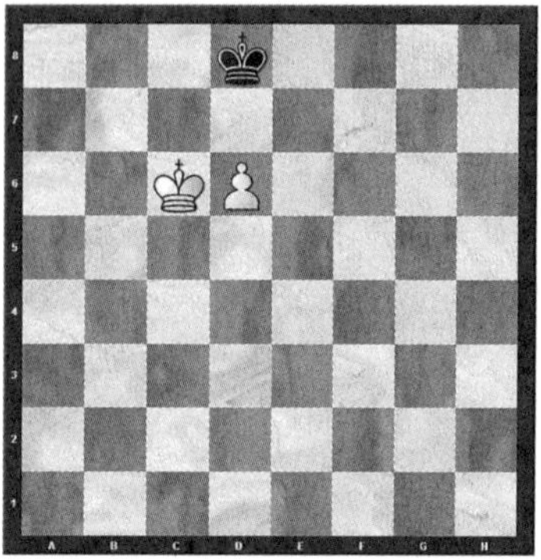

Diagramm 145

In dieser Stellung mit Weiß am Zug ist das Kind bereits in den Brunnen gefallen. Hier kann Weiß mit d6–d7 gewinnen. Schwarz muss Ke7 spielen. Der weiße König rückt nach c7 vor und unterstützt damit die Umwandlung im nächsten Zug mittels d7–d8 in eine Dame. Wie man mit Dame, zwei Türmen und einem Turm gegen den blanken König matt setzt, werden wir noch besprechen.

So eine Stellung muss Schwarz also verhindern ... muss er das? Nein, nehmen wir die gleiche Stellung nur mit Schwarz am Zug. Schwarz geht in die Opposition mit Kc8, Weiß spielt d7+, der König geht zurück nach d8 und nun haben wir folgende Stellung:

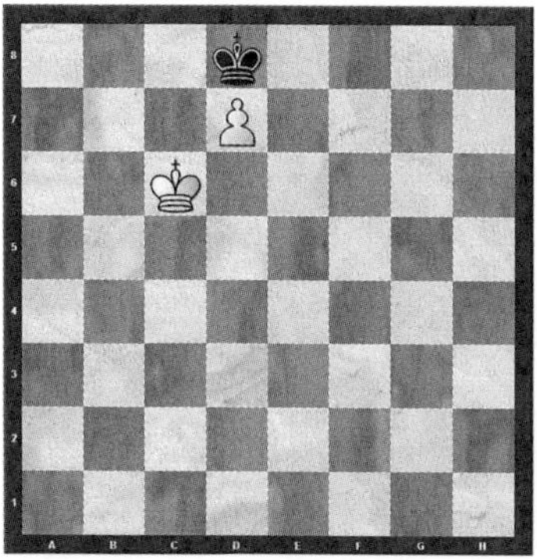

Diagramm 146

Nun ist Weiß am Zug und der einzige Zug, mit dem Weiß den Bauern halten kann, ist Kd6. Mit diesem Zug gibt Weiß das Zugrecht an Schwarz ab, dieser hat aber keinen legalen Zug mehr und der schwarze König steht auch nicht im Schach, also ... Patt! Und damit Remis.

Sie merken, es ist nicht immer gut, am Zug zu sein. Wenn jemand am Zug ist, aber keinen guten Zug bzw. nur schlechte Züge hat, dann wird das im Schachjargon „Zugzwang" genannt. Ein so schönes Wort, das auch in der englischsprachigen Welt für diese Situation benutzt wird. Mit dem bis hierhin erworbenen Wissen schauen wir uns diese Stellung an:

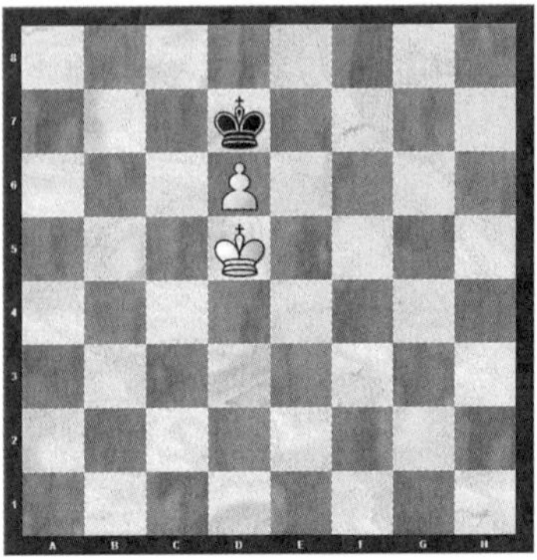

Diagramm 147

Schwarz ist am Zug. Wir wollen eine Stellung wie die soeben besprochene haben. Wie schaffen wir das aus dieser Stellung heraus? Weiß hat die Opposition, da Schwarz am Zug ist. Schwarz muss versuchen, die Opposition wieder in seine Gewalt zu bekommen. Deshalb ist hier Kd8 der einzige Zug, der nicht verliert. Denn Weiß kann nicht Kd6 spielen und wieder in die Opposition gehen, weil der Bauer im Weg steht. Deshalb muss Weiß nun Kc6 oder Ke6 spielen, um Fortschritte zu machen. Nehmen wir also an, es folgt Ke6:

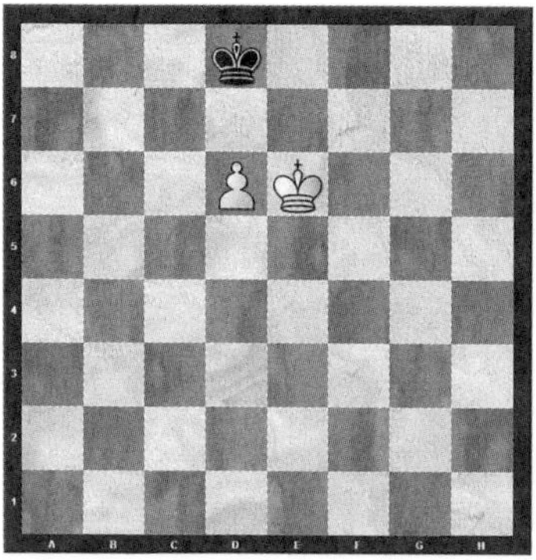

Diagramm 148

Schwarz ist wieder am Zug und kann nun mit Ke8 wieder in die Opposition gehen, es folgt wieder d7+ Kd8 und dann Kd6 mit dem Patt, das wir eben schon gesehen haben.

Wir kommen noch einmal zu einer Stellung zurück:

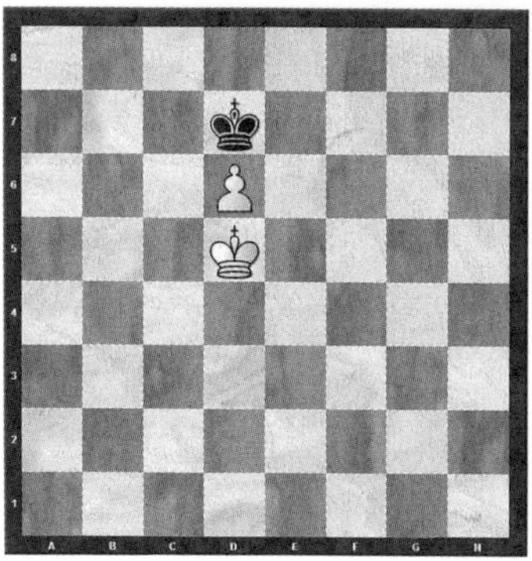

Diagramm 149

Diese Stellung haben wir eben bereits gesehen, allerdings mit Schwarz am Zug, jetzt wollen wir nur noch kurz klären, wie man diese Stellung spielt, wenn Weiß am Zug ist. Weiß am Zug muss an seinem Bauern dran bleiben, spielt also Ke5. Wieder stellt sich die Frage, wo soll der König hin? Und wieder ist die richtige Antwort Kd8, damit man nach Kd5 mit Kd7 und nach Kc6 mit Kc8 wieder in die Opposition gehen kann.

Jetzt schauen wir uns eine ähnliche Stellung an, die für den Verteidiger aber schwieriger zu halten ist:

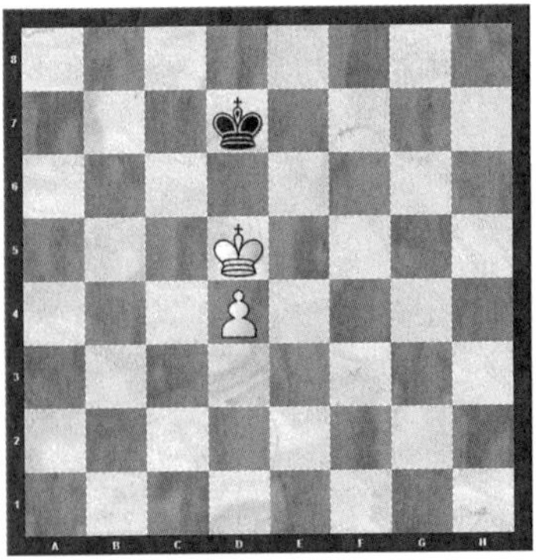

Diagramm 150

Eine ähnliche Stellung wie diejenige, die wir bis jetzt betrachtet haben. Nur dass der Bauer diesmal auf d4 und nicht d6 steht, somit also besser vom weißen König abgeschirmt ist. Jetzt ist es in der Tat entscheidend, wer am Zug ist. Wir haben eine klassische Situation auf dem Brett, in der derjenige, der am Zug ist, nicht das gewünschte Ergebnis erhält. Wenn Weiß am Zug ist, ist die Stellung Remis, ist Schwarz am Zug gewinnt Weiß. Aber Schritt für Schritt.

Wenn Weiß am Zug ist, muss dieser zu einer der beiden Seiten ausweichen. Nehmen wir an, es kommt Ke5, dann geht Schwarz mit Ke7 wieder in die Opposition.

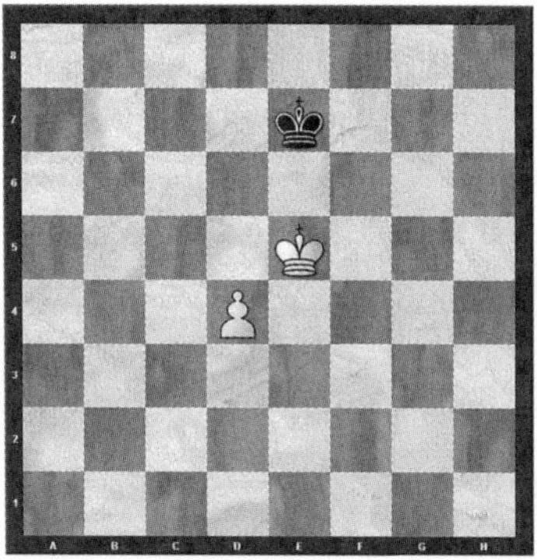

Diagramm 151

Es gibt eigentlich für Weiß nur zwei Möglichkeiten. Entweder er geht zurück zu d5, dann kommt von Schwarz Kd7 und wir stehen wieder in der Ausgangsstellung. Oder er zieht den Bauern vor und wir enden in dem Stellungstyp, den wir am Anfang besprochen haben. Das Problem ist, dass der weiße König nicht an dem schwarzen König Richtung Umwandlungsfeld vorbeikommt, da Schwarz immer wieder in die Opposition kommt und somit den weißen König blockt.

Wenn jedoch Schwarz am Zug ist, dann sieht die Sache anders aus, denn nun hat Weiß die Möglichkeit zu entscheiden, ob er in die Opposition gehen will oder nicht und kann den König dazu zwingen, den Weg zum Umwandlungsfeld freizumachen. Wir schauen uns exemplarisch zwei Varianten an. Der erste Zug, den man beachten muss, ist Kd8, dann rückt der weiße König nach d6 nach:

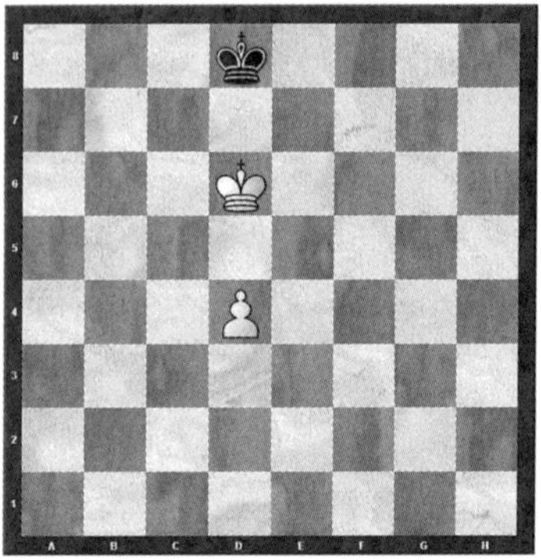

Diagramm 152

Der König ist gezwungen, vom Umwandlungsfeld zu weichen. Also spielt er Kc8. Jetzt löst Weiß die Opposition auf, und zwar mit Ke7. In der Folge kann der Bauer mit Verwandlung in eine Dame unbehelligt d5–d6–d7–d8 ziehen, da Schwarz es nicht schafft, eins dieser Felder unter Kontrolle zu bekommen.

Sie sehen also, es ist in diesem Endspieltyp nicht immer vorteilhaft, am Zug zu sein.

Besonderheit Randbauer

Bei den Randbauern ist die Lage etwas anders, aber auch deutlich unkomplizierter. Denn gegen den Randbauern ist es einfach immer Remis, wenn der König es irgendwie auf das Umwandlungsfeld schafft.

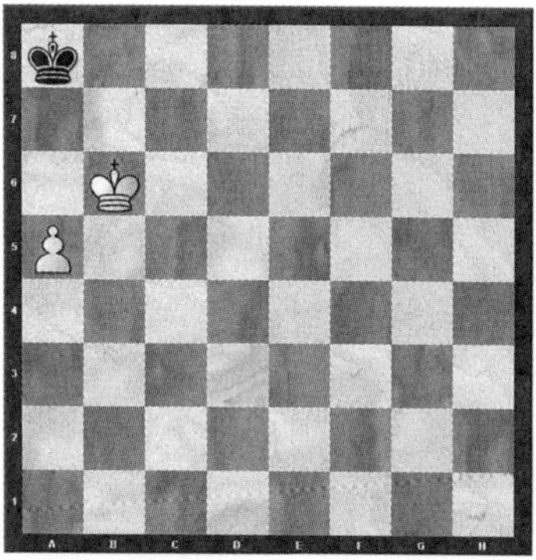

Diagramm 152.1

In dieser Stellung zieht Schwarz einfach zwischen a8 und b8 hin und her: Man braucht keine Angst zu haben, dass Weiß den Bauern nach a7 bekommt, denn man versteckt den König einfach auf a8. Der weiße König steht dann auf b6.

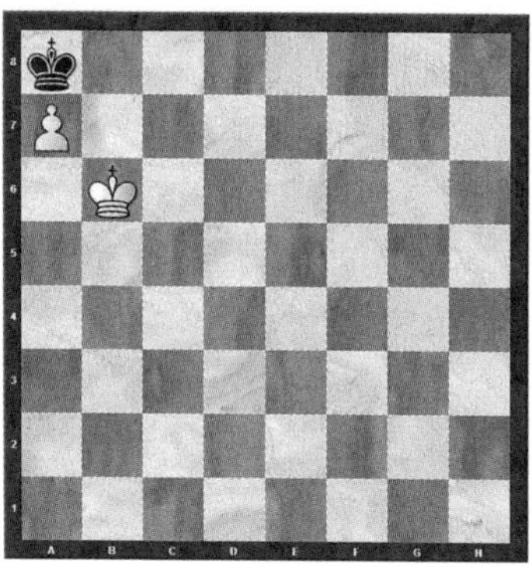

Diagramm 152.2

Bei jedem anderen Bauern, außer den Randbauern, wäre diese Figurenkonstellation tödlich, denn der schwarze König müsste zur Seite ausweichen und der weiße König könnte das Umwandlungsfeld unter Kontrolle bekommen. In diesem Fall ist jedoch dort, wohin der König ausweichen würde, der Brettrand. Damit hat der König in der Stellung kein Feld mehr, auf das er gehen kann. Das bedeutet Patt und Remis.

Das Bauernquadrat

Das Bauernquadrat ist im Vergleich zu dem, was wir eben besprochen haben, relativ einfach. Es ist eine Möglichkeit zu erkennen, ob man es schafft einen Bauern mit dem König aufzuhalten, bevor er sich in eine Dame umwandeln kann. Nehmen wir diese Stellung:

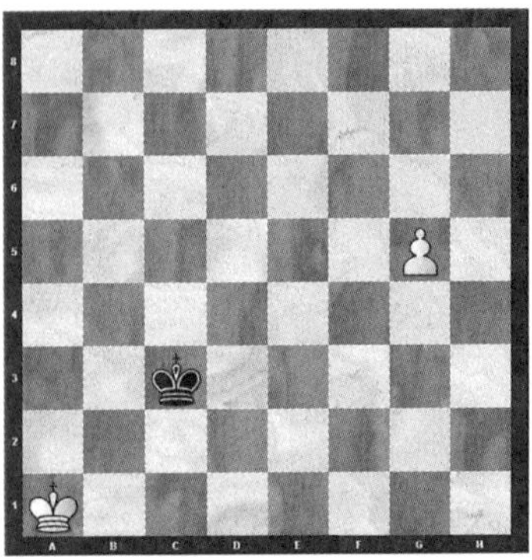

Diagramm 153

Um festzustellen, ob Schwarz den weißen Bauern noch bekommen kann, bilden wir ein Quadrat mit dem Freibauern, wobei eine Seite des Quadrats der Weg des Bauern zur gegnerischen Grundreihe bildet. Das Quadrat sieht in diesem Fall wie folgt aus:

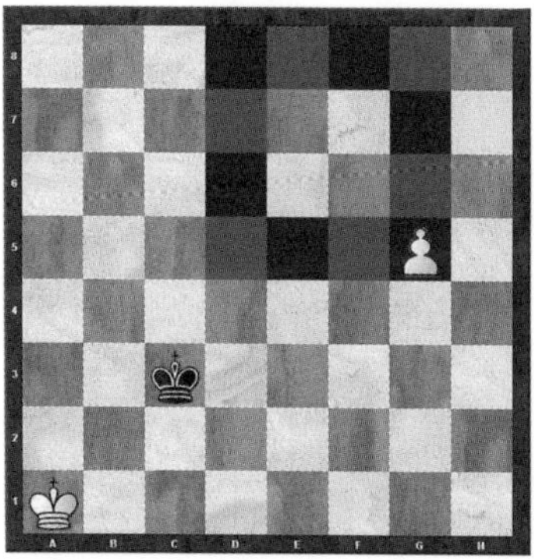

Diagramm 154

Befindet sich der König mit Schwarz am Zug in diesem Quadrat, dann hält er ihn rechtzeitig auf. Ist er, wie in diesem Fall, außerhalb des Quadrats, dann ist der Bauer vom König nicht mehr aufzuhalten. Hier noch ein Beispiel, bei dem es Schwarz schafft, den Bauern aufzuhalten:

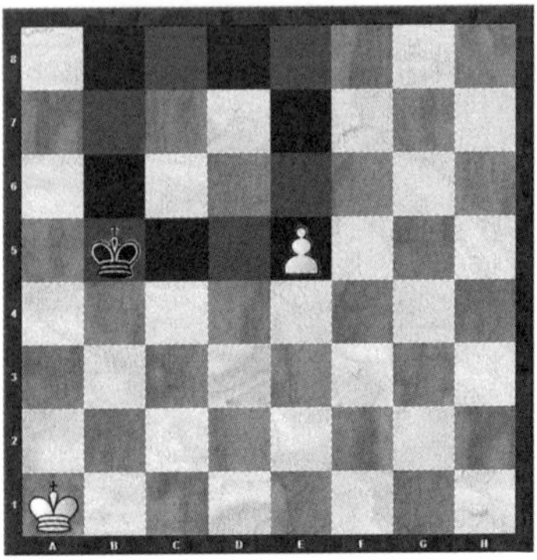

Diagramm 155

Der König befindet sich innerhalb des Quadrats und somit kann er den Bauern aufhalten.

Wichtige Turmendspiele

Auch im Turmendspiel gibt es die Situation, dass eine Seite einen Bauern mehr hat, und auch hier gibt es Standardstellungen, in denen man wissen sollte was genau zu tun ist, um zu gewinnen bzw. um die Stellung Remis zu halten. Wieder ist der entscheidende Faktor, ob der König der stärkeren Seite das Umwandlungsfeld unter Kontrolle hat. Hier sind mal wieder Feinheiten zu beachten. Nehmen wir zunächst die Stellung:

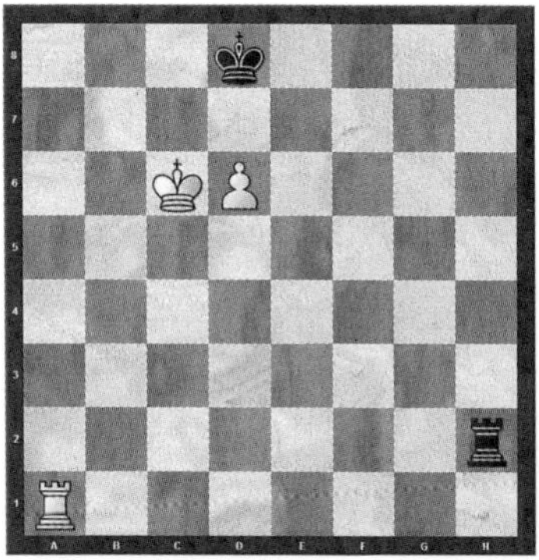

Diagramm 156

Auch wenn Schwarz hier das Umwandlungsfeld unter Kontrolle hat, steht Weiß auf Gewinn. Das liegt an dem König und dem Bauer, die beide bereits die sechste Reihe erreicht haben, und am schwarzen Turm, der keine sinnvollen Möglichkeiten hat, um Schach zu bieten. Das Problem ist, dass, wenn König und Bauer die sechste Reihe erreichen, die Gefahr besteht, dass der Bauer sich zur Dame umwandelt und dass gleichzeitig der schwarze König in Mattgefahr ist. In dieser Stellung droht Ta8 Matt und Schwarz kann dies nicht wirklich verhindern bzw. nur hinauszögern. Also müssen wir einen Schritt früher ansetzen.

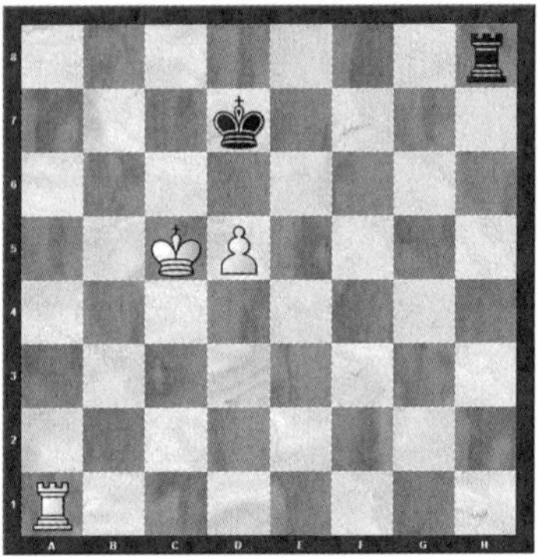

Diagramm 157

Der König und der Bauer stehen nun eine Reihe weiter hinten. Die Mattgefahr ist also noch nicht vorhanden, da der schwarze König immer die Möglichkeit hat einen Schritt zurückzugehen. Wir haben nun genug Zeit, die Stellung für Schwarz zu verteidigen. Die Frage ist, welche die korrekte Verteidigungsstrategie ist, und im Grunde gibt es nur eine, die die Stellung sauber zum Remis führt. Gerne würden wir in dieser Stellung von der zweiten Reihe aus dem weißen König Schach geben und dies in dieser Stellung mit Th2 einleiten. Allerdings gibt es hier das Problem, das Weiß Ta7+ spielt, der schwarze König geht zurück nach d8 und Weiß spielt Kc6. Es entsteht diese Stellung:

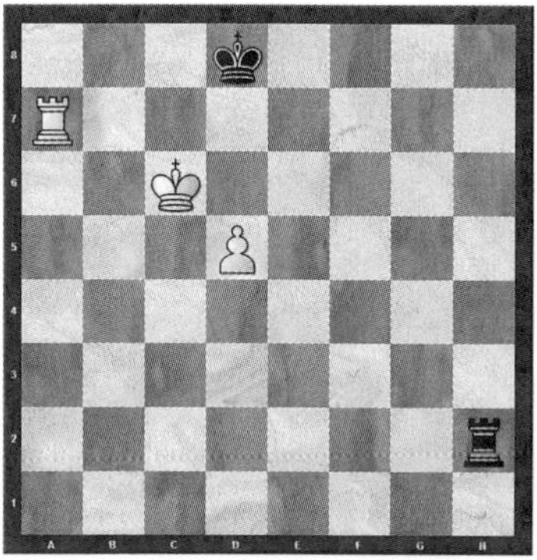

Diagramm 158

Jetzt würde Schwarz seine Dauerschach-Arie gerne mit Tc2+ einleiten. Das Problem ist aber, dass Weiß seinen König in dieser Stellung mit Kd6 hinter dem Bauern verstecken kann und jetzt wieder diverse Drohungen mit Ta8+ und anderen Matt-Gemeinheiten hat. Es ist für Schwarz auf jeden Fall kein Dauerschach in Sicht. Deshalb müssen wir diesen, eigentlich richtigen Plan noch etwas verfeinern. Dazu schauen wir uns noch einmal die letzte Stellung an. Stünde der Bauer hier auf d6 und nicht auf d5, dann könnte Schwarz auf der ersten Reihe Schach geben, ohne dass es ein sinnvolles Versteck für den König gäbe, da das Feld d6 vom Bauern blockiert ist.

Wir gehen also zurück:

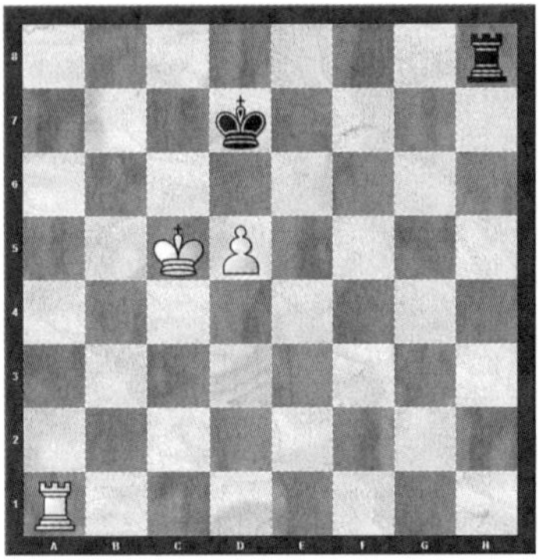

Diagramme 159

Aufgrund der Überlegungen, die ich eben angestellt habe (wobei ich natürlich nicht der Erste bin, der darauf kommt, und auch ich habe dies von anderen Schachspielern und aus Büchern gelernt), kommt man zu dem Schluss, dass in dieser Stellung Th6 (!) der richtige Zug ist. Denn nun kann der weiße König – nach dem Turmschach auf a7 und dem schwarzen Zug Kd8 – nicht auf die sechste Reihe. Deshalb nennen wir diese Verteidigungsidee „6. Reihe-Verteidigung". Um Fortschritte zu machen, muss Weiß also seinen Bauern vorschieben, um diesen als Abschirmung gegen den Turm zu nutzen, damit anschließend Kc6 mit Mattideen funktioniert.

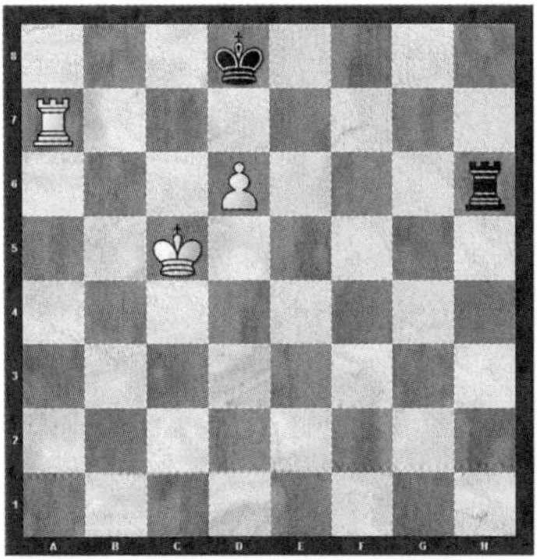

Diagramm 160

Jetzt ist Schwarz jedoch schnell genug, um von der ersten Reihe aus Dauerschach zu geben. Das wird mit Th1 vorbereitet. Der weiße König geht trotzdem nach c6, um mit Ta8 Matt zu drohen, kommt jedoch zu spät, da nun Tc1+ die bereits erwähnte Dauerschach-Arie einleitet und Weiß keinen Schutz vor den endlosen Schachgeboten hat.

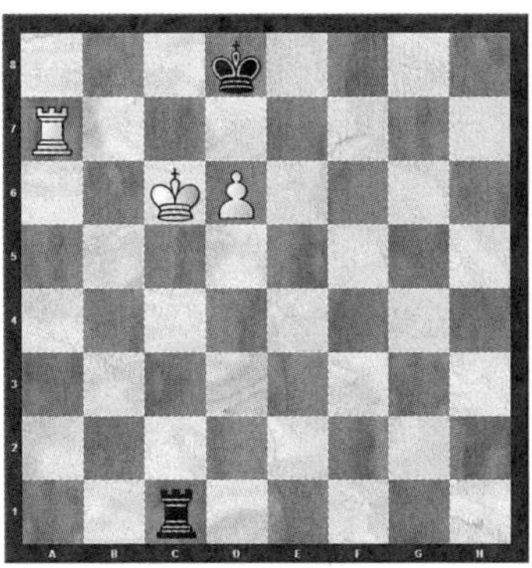

Diagramm 161

Merke: Prägen Sie sich den Begriff „6. Reihe-Verteidigung" ein. Denn fällt einem der Weg zum Remis einmal nicht ein, dann kann man über diesen Begriff darauf kommen.

Dies war eine kleine Abhandlung über den Stellungstyp, bei dem die schwache Seite das Umwandlungsfeld besitzt und dennoch Remis halten kann (oder sogar gewinnen), wenn der Gegner es nicht richtig verteidigt. Das kommt übrigens auch auf Vereinsspielerniveau häufig vor.

Jetzt machen wir einen Schwenk zu Stellungen, in denen die stärkere Seite das Umwandlungsfeld unter Kontrolle hat.

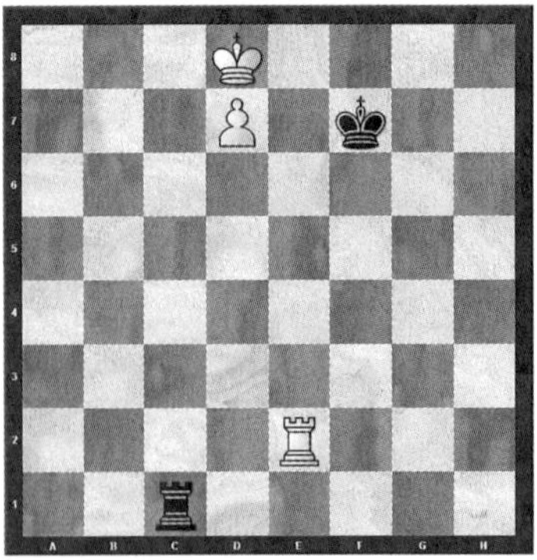

Diagramm 162

Weiß hat viel erreicht, vor allem die Kontrolle über das Umwandlungsfeld mit dem König ist wichtig. Trotzdem ist es auch hier nicht einfach, die Stellung zu gewinnen. Ich hatte einmal eine solche Stellung an Brett 1 der Jugendbundesliga, wobei ich derjenige mit dem Bauern weniger war, und hätte somit eigentlich verlieren sollen. Mein Gegner jedoch kannte den Gewinnweg nicht und so vereinbarten wir nach einigen untauglichen Versuchen seinerseits das Unentschieden.

Zurück zu der Stellung. Eigentlich könnte das Leben so einfach sein: Weiß muss einfach das Umwandlungsfeld mit seinem König räumen. Das verwehrt ihm Schwarz jedoch derzeit, da der schwarze Turm die Felder auf der c-Linie und der schwarze König die Felder auf der e-Linie überdeckt. Nun könnte man sich einen schlanken Fuß machen und, sagen wir, Tf2+ Kg2 ziehen. Weiß könnte Ke2 spielen:

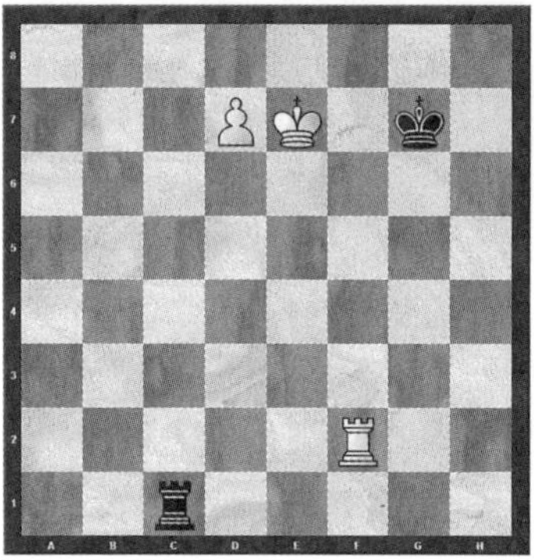

Diagramm 163

Das ist jedoch zu kurz gesprungen, da Schwarz nun wieder beginnt, mit dem Turm endlos Schach zu geben. Gestartet wird mit Te1+ und der König muss nach d6. Es kommt Td1 + und es gibt kein Feld, wo der König Sicherheit findet, ohne dass der Bauer auf d7 verloren geht.

Schade, es wäre so einfach gewesen. Wir gehen noch einmal zurück zu dieser Stellung:

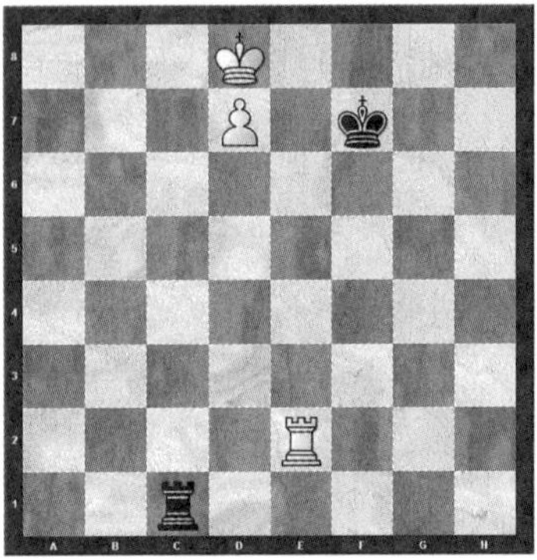

Diagramm 164

Das Motto, unter das die Gewinnidee fällt, heißt „Brücke bauen“. Das bedeutet, der Turm muss aktiv helfen, dem weißen König ein Versteck zu geben, und gleichzeitig den schwarzen König so weit wie möglich abdrängen. Das bedeutet, die ersten beiden Züge Tf2+ gefolgt vom schwarzen Zug Kg2 sind noch gut, allerdings ist jetzt Ke2 verfrüht, wir müssen erst die „Brücke bauen“. Das funktioniert mit Tf4! Wenn Sie diesen Zug in der Partie machen, weiß ein geübter Gegner sofort, dass seine Stunde geschlagen hat. Denn nun kann Schwarz nur noch abwarten, beispielsweise mit Tc2, um den König nicht auf die c-Linie zu lassen. Jetzt kann Weiß anfangen mit dem König über e7 loszulaufen:

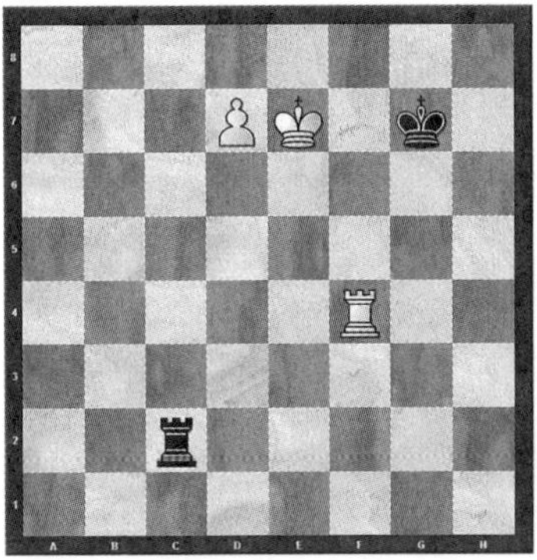

Diagramm 165

Jetzt fangen die Schachgebote seitens Schwarz wieder an. Te2+ Kd6 Td2+ Ke6 Te2+ Kd5!

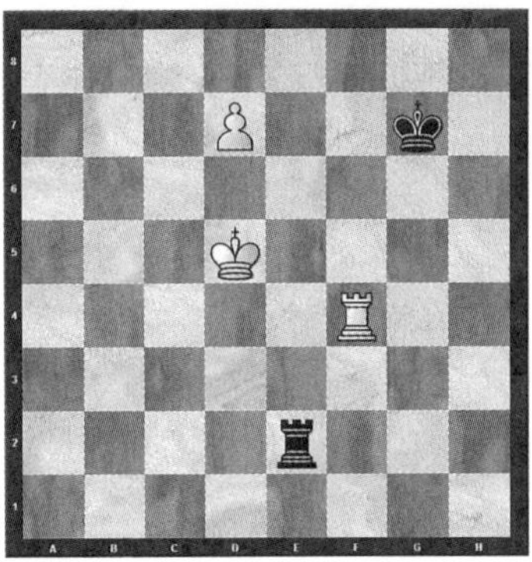

Diagramm 166

In dieser Stellung muss Schwarz wieder Schach geben, da sonst der Bauer auf d8 zur Dame wird. Also folgt Td2+. Jetzt macht sich jedoch unsere Brücke, also der Turm, auf f4 bezahlt, denn nach Td2+ reagieren wir mit Td4 (!) und der Bauer ist abgeschirmt. Im nächsten Zug kann Weiß den Bauern in eine Dame umwandeln.

Matt setzen mit den Schwerfiguren

Dieses Thema darf in einem Buch für Anfänger nicht ausgespart werden. Denn nun haben wir gelernt, wie man in zentralen Endspieltypen eine Dame bekommt oder mit einem Turm, vielleicht auch mit zwei Türmen mehr dasteht. Die meisten Gegner, die auch gerade angefangen haben, werden nicht einfach aufgeben, auch wenn eine Stellung mit einer Dame weniger oder zwei Türmen weniger schlicht verloren ist. Wichtig also zu wissen, wie man souverän eine solche Stellung gewinnt.

Dame gegen König

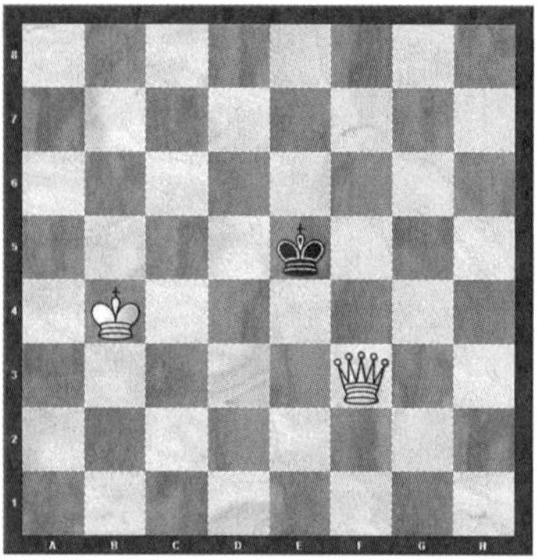

Diagramm 167

Wenn Sie so eine Stellung mit einer Dame mehr erreicht haben, dann ist einiges in der Partie richtig gelaufen. Sie waren bis zu diesem Zeitpunkt offensichtlich der stärkere Spieler. Nun ist es an Ihnen zu zeigen, dass Sie mit Dame und König gegen den blanken König gewinnen können. Wir werden den Weg zum Gewinn deshalb Schritt für Schritt besprechen, damit dieser sicher sitzt. Am besten üben Sie das mit einem anderen Spieler, damit sich eine gewisse Sicherheit einstellt.

Zunächst schauen wir uns an, welche Stellung wir erreichen wollen, wenn wir mit der Ausgangsstellung starten.

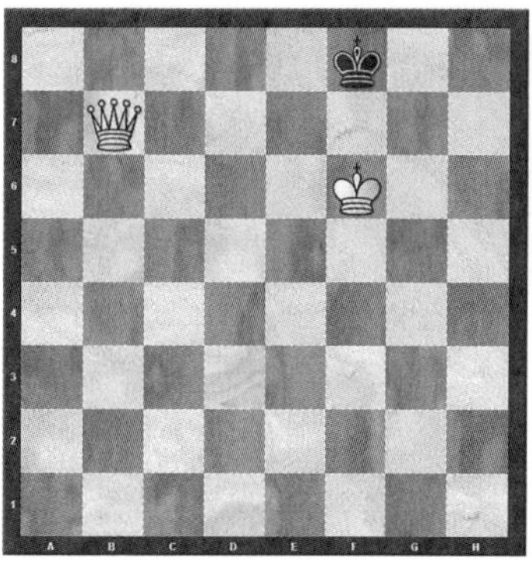

Diagramm 168

Diese Stellung ist die Traumstellung für die stärkere Seite, denn der Brettrand hilft mit, den schwarzen König Matt zu setzen, da dieser nicht mehr zurückweichen kann. Hier ist es egal, wer am Zug ist. Weiß am Zug hat sogar vier Möglichkeiten, den vollen Punkt einzusammeln. Da8, Db8,

Dc8, sowie Df7 machen die Lichter aus. Wenn Schwarz am Zug ist, kann er nur Kg8 oder Ke8 spielen. Dann ist Dg7 bzw. De7 Matt! Wie kommen wir also von der einen zu der anderen Stellung? Am besten lässt sich das aus meiner Sicht mit dem sogenannten Käfig erklären. Nehmen wir wieder die Ausgangsstellung:

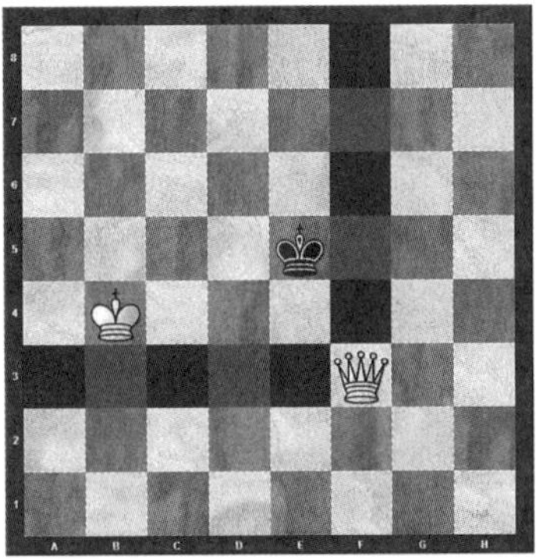

Diagramm 169

Ich habe die Felder markiert, die den Zaun des Käfigs bilden, in dem sich der König befindet. Dieser Käfig soll nun nur mit der Dame kleiner gemacht werden. Das schafft man, da der schwarze König ziehen muss und somit der weißen Dame die Möglichkeit gibt, den Käfig zu verkleinern. Nach den Zügen 1.Dg4 Kd5 2.Df4 Ke6 3.Dg5 Kd6 4.Df5 Ke7 5.Dg6 entsteht folgende Stellung:

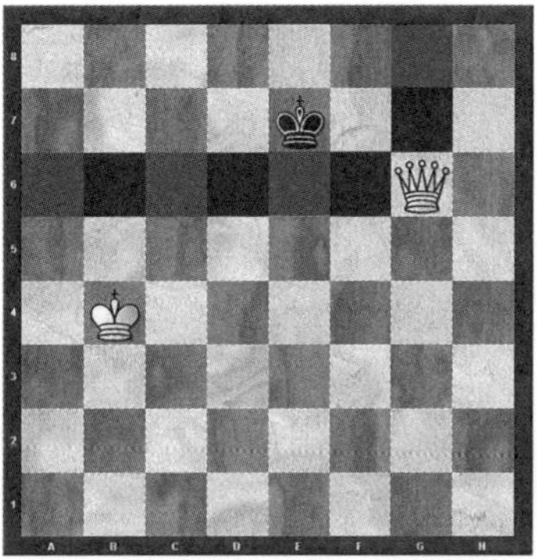

Diagramm 170

Der Käfig ist schon deutlich kleiner geworden, dieses Prinzip setzen wir fort bis wir den König an einem Brettrand festgenagelt haben, zum Beispiel nach den Zügen 5...Kd7 6.Df6 Kc8 7.Df7.

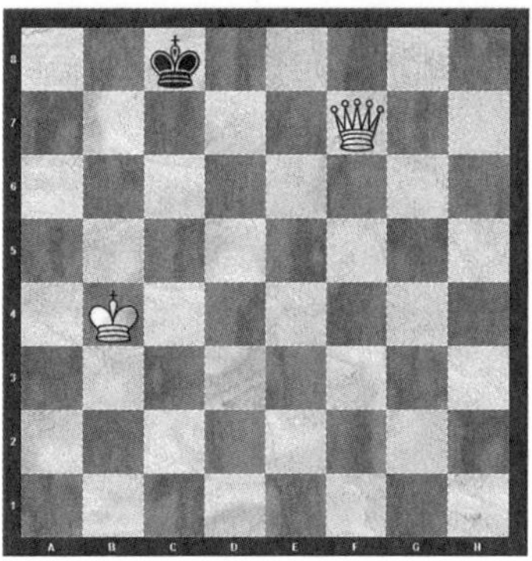

Diagramm 171

Jetzt steht der König am Brettrand. Da man nie mit einer Figur alleine gegen den blanken König matt setzen kann, holen wir nun ganz entspannt unseren König zur Hilfe, zum Beispiel mit der Königsroute c5–c6. Der schwarze König kann nur seinem Untergang entgegensehen und zwischen den Felder a8 und d8 hin und her laufen, bis der weiße König zum Mattsetzen angekommen ist.

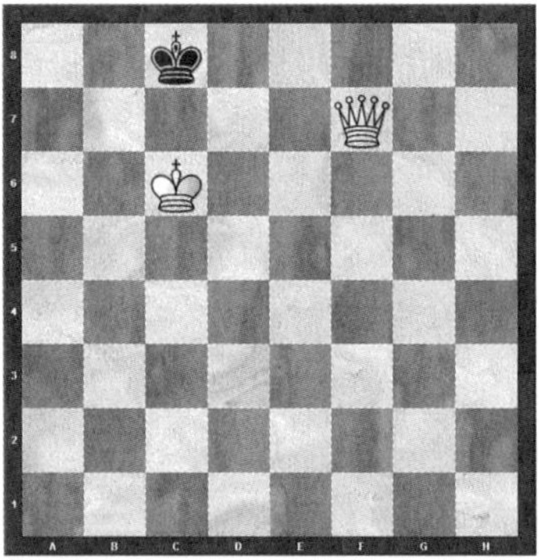

Diagramm 172

Wir haben eine ähnliche Stellung erreicht wie unsere Traumstellung und können nun im nächsten Zug matt setzen.

Ach ja, wenn Sie den Käfig um den gegnerischen König kleiner machen, lassen Sie dem armen Kerl etwas Luft, denn sonst passiert Folgendes:

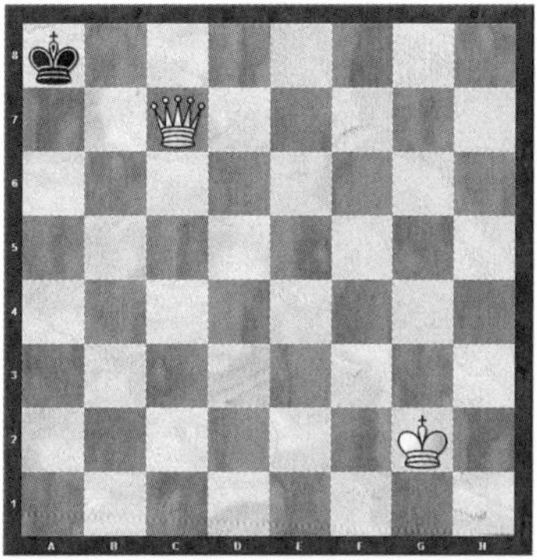

Diagramm 173

Der Käfig ist so klein, dass der König keinen Zug mehr hat, also liegt ein Patt vor, da der schwarze König nicht im Schach steht. Das bitte unbedingt vermeiden! Eine weitere häufige Pattstellung mit Dame und König gegen König sieht so aus, bitte ebenfalls vermeiden!

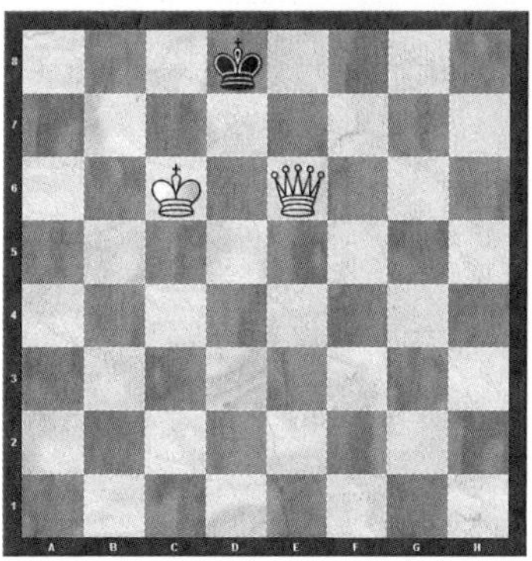

Diagramm 174

Matt setzen mit 2 Türmen – das Treppenmatt

Es folgt der Weg, wie man mit zwei Türmen gegen den blanken König matt setzt. Hierfür haben sich Schachspieler einen eigenen Begriff ausgedacht: Das sogenannte Treppenmatt. Wenn Sie erst sehen, wie man mit zwei Türmen matt setzt, wird diese Begrifflichkeit klar. Nehmen wir also eine beliebige Stellung mit zwei Türmen auf dem Brett:

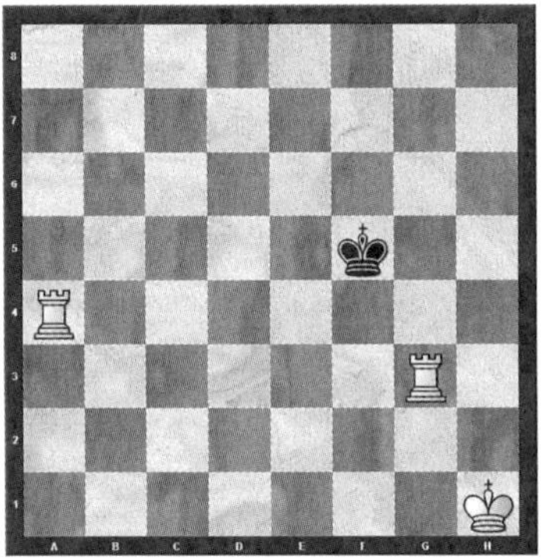

Diagramm 175

Matt mit zwei Türmen zu setzen ist noch einfacher als mit einer Dame. Denn die Türme können zusammen immer zwei Reihen abdecken und somit den König einfach zurückdrängen. Wir wollen also eine solche Stellung erreichen:

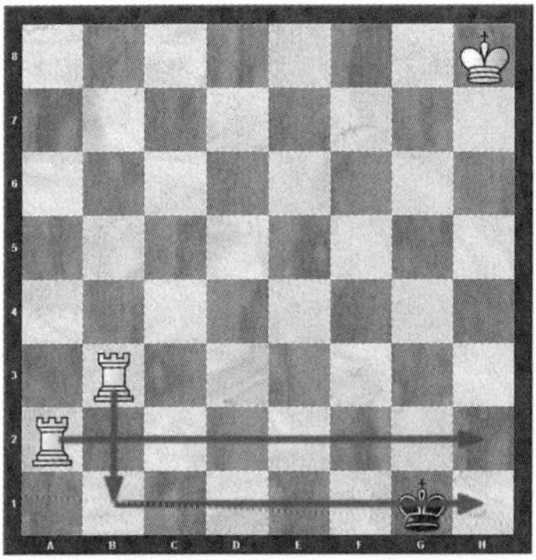

Diagramm 176

In dieser Stellung ist die zweite Reihe von dem einen Turm abgedeckt, nun kann der Turm auf die erste Reihe ziehen und matt setzen. Um diese Stellung zu erreichen, müssen wir aus der Ausgangsstellung heraus zunächst Tb3 spielen, um folgende Stellung zu erreichen:

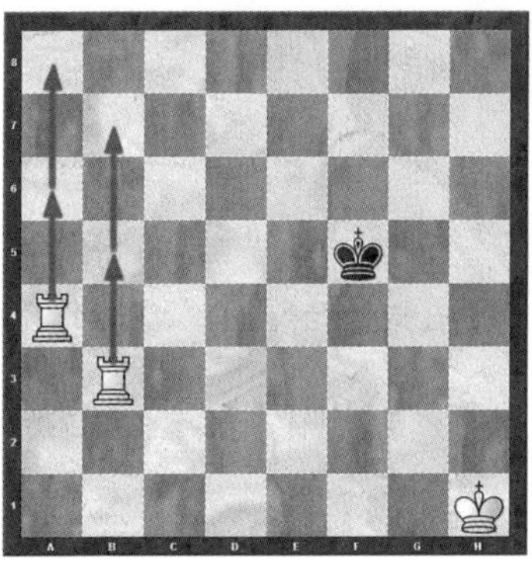

Diagramm 177

Mit den Pfeilen sind die nächsten Züge eingezeichnet. Gleich einer Treppe geht immer der untere Turm einen Schritt am oberen Turm vorbei, so verhindert man, dass der König den Schachs entwischen kann. Die einzige Möglichkeit für die schwächere Seite, ein allzu schnelles Matt zu verhindern, ist, mit dem König in Richtung der beiden Türme zu laufen, um diesen gefährlich nah zu kommen.

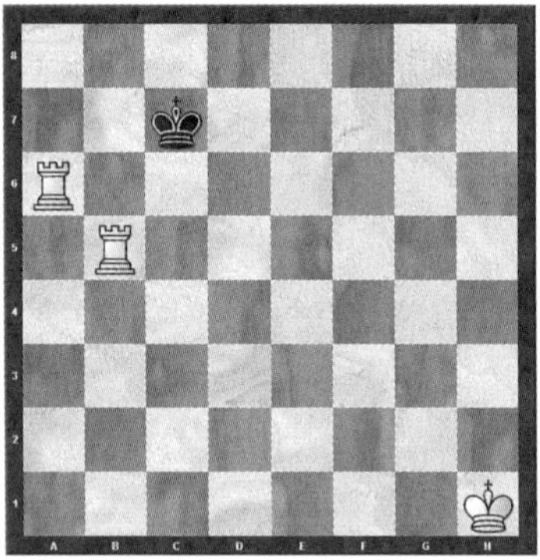

Diagramm 178

Jetzt muss sich Weiß ein wenig Zeit nehmen mit Th6 und Tg5 die Seite zu wechseln und dann geht es dort mit der Treppe weiter bis der König Matt ist.

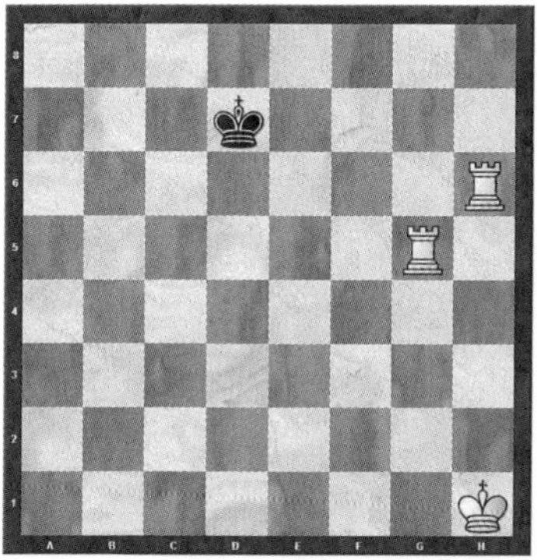

Diagramm 179

Für dieses Matt braucht man den König also nicht, denn die Türme sind zu zweit stark genug, um matt zu setzen. Beim Matt setzen mit der Dame wäre dies anders. Noch schwieriger wird es jedoch, wenn wir uns anschauen, wie man den gegnerischen König mit nur einem Turm und dem König matt setzt. Hier braucht man selbstverständlich auch die Hilfe des Königs. Nicht wie bei der Dame nur beim Matt setzen, sondern auch beim Zurückdrängen des Königs Richtung Brettrand.

Matt setzen mit einem Turm

Wir nehmen wieder eine beliebige Stellung mit einem Turm mehr:

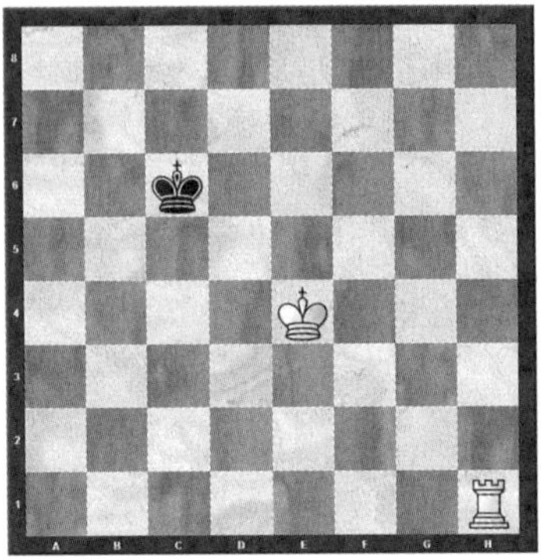

Diagramm 180

Wie bereits erwähnt, wird es jetzt etwas schwieriger, denn um den König an den Brettrand zu bekommen, müssen Turm und König gut zusammenspielen. In der Stellung steht der König auf der vierten Reihe, das Ziel muss es sein, den König auf die erste Reihe zurückzutreiben und folgende Stellung mit Weiß am Zug zu erreichen:

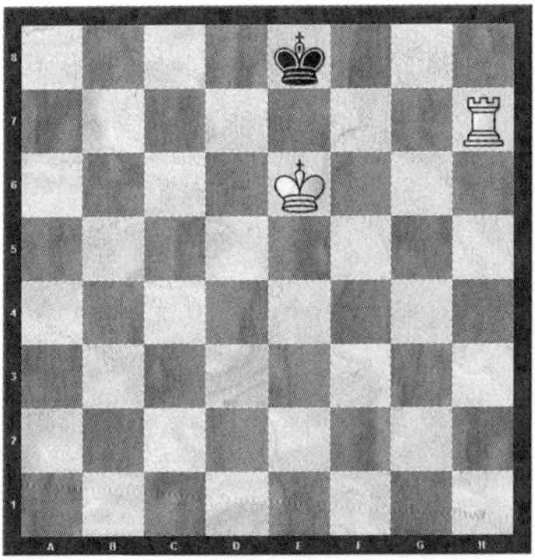

Diagramm 181

Dann kann der Turm nämlich auf der ersten Reihe matt setzen, da der weiße König die möglichen Fluchtfelder abdeckt. Das funktioniert nur, wenn die Könige sich in der Opposition befinden. Wie schaffen wir es aber, dass der König Richtung Brettrand abgedrängt wird?

Im Grunde müssen wir dieselbe Oppositionsstellung auch in der Brettmitte hinbekommen:

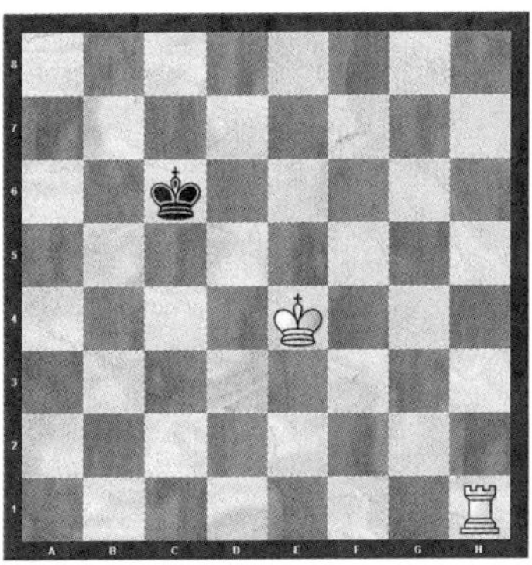

Diagramm 182

Beginnen wir also in der Ausgangsstellung mit Th5, um dem König die fünfte Reihe abzuschneiden. Jetzt wird Schwarz jedoch nicht freiwillig in die Opposition gehen. Angenommen er macht Kd6, dann nützt es nichts, wenn Weiß mit Kd4 in die Opposition geht, denn dann geht Schwarz einfach wieder raus. Deshalb müssen wir Schwarz in die Opposition treiben, indem wir ihm das Zugrecht wiedergeben. Also folgt nun der Abwartezug Tg5 und nach Kc6 folgen Kd4 Kb6 Kc4 Ka6 Kb4 Kb6. So haben wir dann folgende Stellung erzwungen:

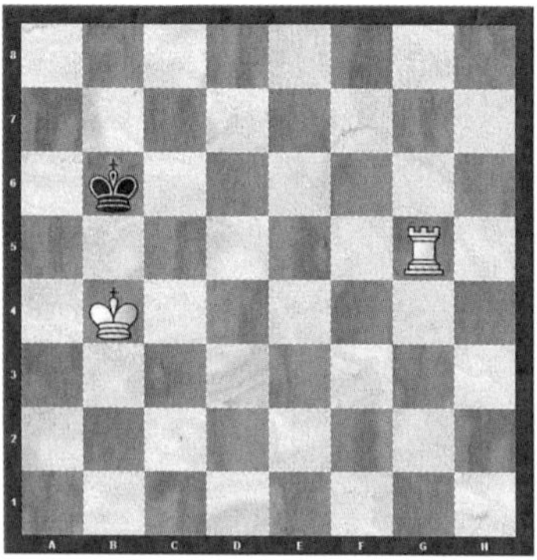

Diagramm 183

Der Turm gibt auf der sechsten Reihe Schach und der König muss zurückweichen. Nach diesem Prinzip treiben wir den König bis zur Grundreihe und setzen ihn dort genauso matt. Immer wieder versuchen, die Opposition zu erzwingen, um dann den König mit dem Turmschach zurückzudrängen. Vergessen Sie nicht, dabei auch einmal einen Abwartezug zu spielen, damit der König in die Opposition gezwungen wird.

Nicht so einfach, mit ein bisschen Übung gewöhnt man sich allerdings dran und bekommt die entsprechende Routine, um solche Stellungen zu gewinnen. Für die Ausgangsstellung brauchen Profispieler keine dreißig Sekunden und dann ist der Gegner matt.

Besondere Remis-Situationen im Endspiel

Dies wird ein kurzer Abschnitt über all jenc Situationen im Endspiel, in denen man meint, dass die stärkere Seite jetzt einfach gewinnen müsste.

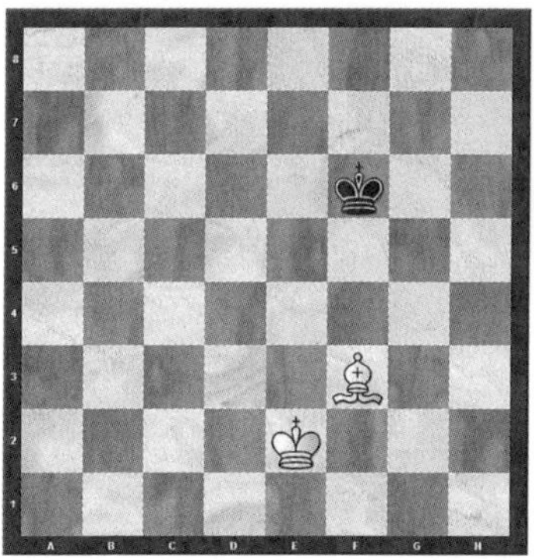

Diagramm 184

Wenn nur noch ein König und eine Leichtfigur auf dem Brett stehen und die andere Seite nur noch den König hat, gibt es keine theoretische Möglichkeit mehr matt zu setzen.

Ähnliches gilt für zwei Springer gegen den blanken König. Hier gibt es zwar Mattstellungen, aber keinen Weg, matt zu setzen! Denn bevor man eine der Mattstellungen erreicht, ist der Gegner auf jeden Fall Patt und deshalb ist auch diese Stellung Remis. Das kann auch während einer Turnierpartie beim Schiedsrichter reklamiert werden.

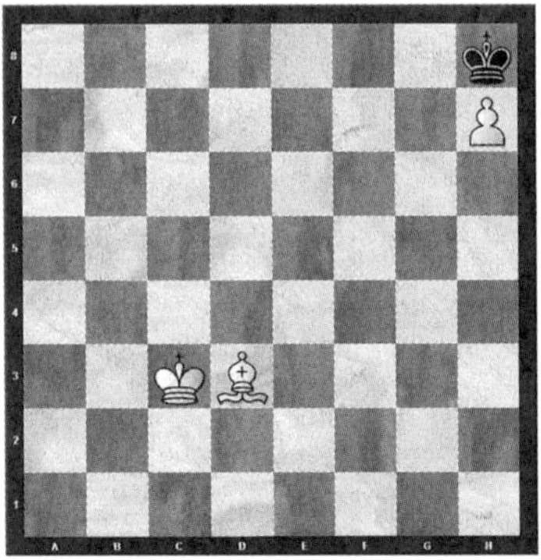

Diagramm 185

Noch ungewöhnlicher ist diese Stellung, denn hier hat Weiß sogar einen Bauern und einen Läufer mehr. Trotzdem ist diese Stellung Remis, da folgende drei Bedingungen gegeben sind:

1. Der Bauer ist ein Randbauer
2. Der Läufer kann das Umwandlungsfeld nicht kontrollieren, da er auf der falschen Farbe unterwegs ist.
3. Der König kontrolliert das Umwandlungsfeld

Alle drei Bedingungen sind erfüllt. Der König bleibt auf oder neben dem Umwandlungsfeld, dann kann Weiß keine Fortschritte machen, ohne Patt zu setzen.

Wir widmen uns jetzt einer wichtigen Sache im Endspiel:

Königsaktivität

Die Königsaktivität ist einer der zentralen Punkte, die man im Endspiel „neu“ lernen muss. Sie ist einer der Faktoren, die nur im Endspiel gelten. Wir hatten bei den Aspekten eines Endspiels gesagt, dass der König im Endspiel nicht gefährdet ist. Das bedeutet nicht, dass man nicht auch im Endspiel aufpassen muss, um nicht in eine Mattfalle zu laufen. Trotzdem droht im Endspiel keine Mattgefahr und man kann den König bedenkenlos aktivieren und ins Kampfgeschehen führen.

Deshalb werden wir uns nun eine Partie zu diesem Thema anschauen.

Carlstedt, Jonathan (2426) – Berchtenbreiter, Maximilian (2427)

Staufer op 26th Schwäbisch Gmünd (9), 06.01.2014

1.c4 c6 2.g3 d5 3.Sf3 g6 4.Lg2 Lg7 5.0–0 e5 6.d3 Se7 7.e4 0–0 8.De2 Sd7 9.Sbd2 d4 10.Sh4 f5 11.exf5 gxf5 12.f4 Sg6 13.Sdf3 e4 14.dxe4 fxe4 15.Dxe4 Sc5 16.Db1 Lg4 17.b4 Sxh4 18.Sxh4 d3 19.Lb2 Ld4+ 20.Kh1 Sa4 21.Lxd4 Dxd4 22.Lf3 Le6 23.f5 Lxc4 24.Dd1 Sc3 25.Dd2 Ld5 26.Lg2 Tae8 27.Tf4 Se4 28.Td1 Tf7 29.h3 Tg7 30.Kh2 Sxd2 31.Txd4 Lxg2 32.Txd2 Lf1 33.Sf3 Tge7 34.g4 Te3 35.Tf2 Te2

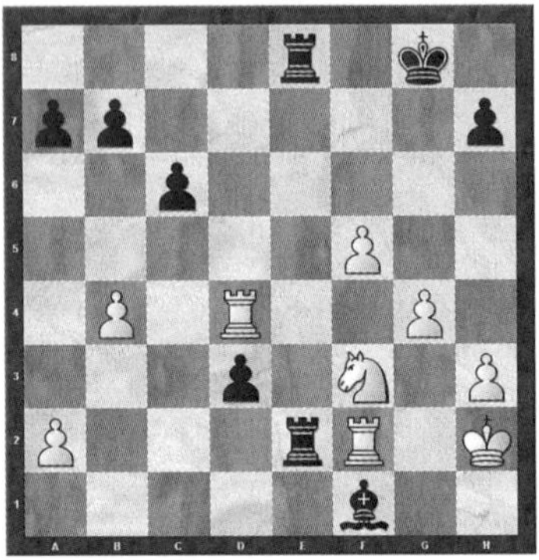

Diagramm 186

An dieser Stelle würde ich gerne in die Partie einsteigen. Die ganze Partie über musste ich kämpfen. Zwar kam ich einigermaßen aus der Eröffnung raus, aber mein Gegner brachte ein starkes Bauernopfer und setzte mich unter Druck. Zwar konnte ich durch ein Rückopfer wieder etwas Wind rausnehmen und die Stellung fast ausgleichen, aber Berchtenbreiter machte weiter Druck. Ganz so übel hatte ich nicht verteidigt und so landeten wir in dieser Stellung. Wir sehen ein Endspiel, in dem Schwarz einen gefährlichen Freibauern vorweisen kann. Mir war klar, dass ich irgendwie versuchen muss diesen Bauern aufzuhalten, am besten ihn ohne großen Verlust zu schlagen. Derzeit ist mein Turm auf f2 angegriffen, um den muss ich mich kümmern. Bevor ich mich entschied, was genau zu tun ist, besann ich mich auf meine Stärken in dieser Stellung. Da ist zum einen der gedeckte Freibauer auf f5, der also schon relativ weit vorgerückt ist. Aber mir war auch klar, dass ich diese

Bauern unterstützen muss. Somit kam ich zu diesem Zug: **36.Kg3 Lxh3.**

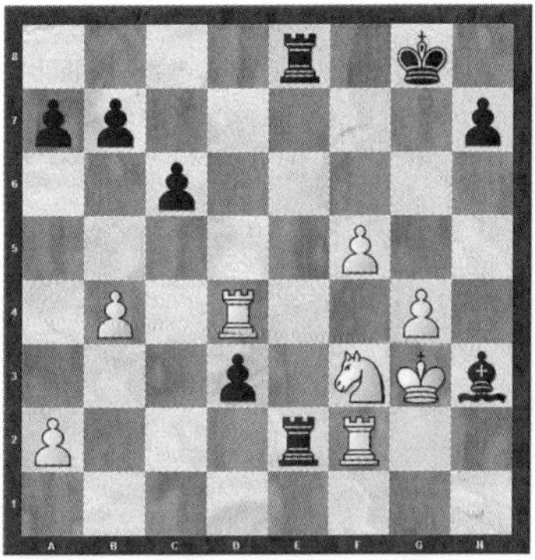

Diagramm 187

Wenn ich ganz ehrlich bin, hatte ich diesen Zug übersehen, die einzige Variante, die ich gerechnet hatte, war Lxh3, nachdem Schwarz auf f2 getauscht hat. Hier sah ich, dass ich einen großen Vorteil haben würde. Zum Glück hatte ich mit Kg3 den aktiven Königszug gewählt, sodass meine Stellung, selbst in dieser Endspielphase, einen Bauern weniger verkraften konnte. **37.Txe2** Mein Vorteil war, dass ich deutlich mehr Zeit auf der Uhr hatte als mein Gegner, der die letzten Züge in wenigen Minuten machen musste. Nun könnte man sagen, da nicht mehr so viele Figuren auf dem Brett sind, ist es nicht mehr so kompliziert. Das Gegenteil ist der Fall. Im Endspiel ist die Berechnung von Varianten wichtiger als in jeder anderen Partiephase, da es häufig nur eine richtige und viele falsche Varianten gibt. Wie gesagt, die nächsten Züge hatte ich berechnet. **37...dxe2 38.Kxh3 Te3** Jetzt droht der Bauer sich in eine Dame zu verwandeln, da mein Springer gefesselt ist. Zum Glück hatte ich auch diese Falle auf der Rechnung: **39.Kh4.**

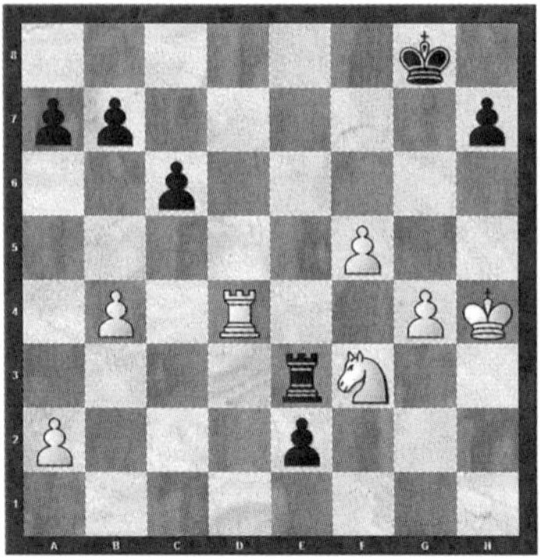

Diagramm 188

Jetzt könnte ich die Dame auf e1 rausschlagen, da mein König aus der Fesselung gegangen ist. Und er ist nicht einfach aus der Fesselung gegangen, sondern auch aktiv Richtung gegnerische Hälfte zur Unterstützung des f-Bauern. **39...Txf3 40.Te4 Tf4** An dieser Stelle bot mir mein Gegner Remis an. Das ist sehr verdächtig, wenn er in einem Endspiel einen Bauer mehr hat. Aber die Aktivität meines Königs entschädigt für den Minusbauer. **41.Txe2 Kf7 42.Kg5**

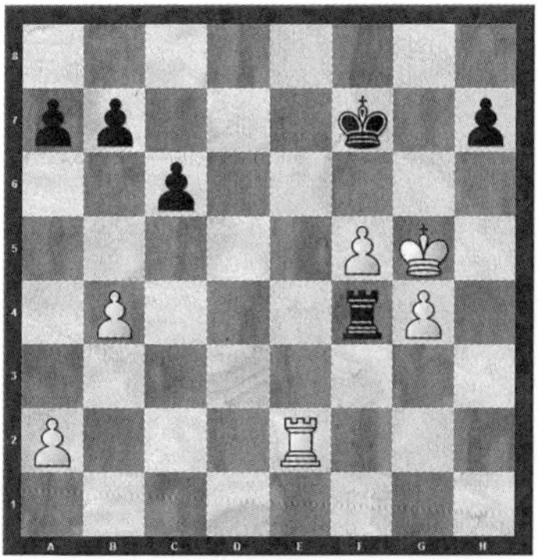

Diagramm 189

Mein Gegner dachte, dass ich den b-Bauern decken würde. Auch diese Strategie hätte eventuell gewonnen. In den Tagen und Wochen vor dem Turnier hatte ich viel an meinem Endspielspiel gearbeitet und mir war aufgegangen, dass die Aktivität der Figuren der zentrale Punkt im Endspiel ist. Ich hatte das Gefühl, hier eine entsprechende Stellung auf dem Brett zu haben. Also wollte ich das Erlernte anwenden und verbesserte meinen König weiter. **42...Txb4 43.Th2 Kg7 44.Td2** Mein König dominierte den schwarzen König, der droht mit Td7+ auf die letzte Reihe verbannt zu werden. Deshalb entschied sich Schwarz, einen Bauern zu opfern, um seinerseits den König zu aktivieren. **44...h6+ 45.Kh5 Tb1 46.Td7+ Kf6 47.Td6+ Ke5 48.Te6+ Kd5 49.Kxh6**

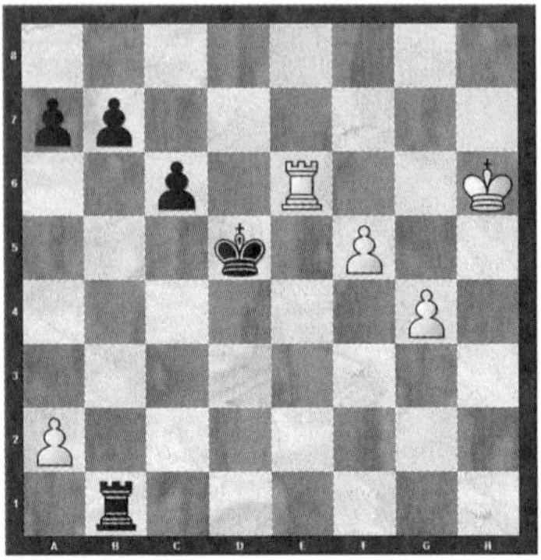

Diagramm 190

Nun haben beide Seiten wieder gleichviele Bauern auf dem Brett und es macht sich bezahlt, dass meine Bauern weiter vorne stehen und effektiv vom König unterstützt werden. **49...c5 50.Te2 c4 51.f6 Th1+ 52.Kg6 Kd4 53.Tf2 Ke3 54.f7** Mein Bauer kann nicht mehr aufgehalten werden. In solchen Situationen gibt man auf, da der Gegner um die Spielstärke weiß und sich die Technik zum Gewinn nicht mehr zeigen lassen will. 1–0

6 DIE WELT DER SCHACHSZENE

Zu Beginn des Buches hatte ich nicht geplant, diesen Abschnitt zu schreiben. Mehr und mehr musste ich aber feststellen, dass viele Anfänger und alle, die noch nichts mit der Schachszene zu tun hatten, sich nicht vorstellen können, was es alles rund um Schach gibt. Einige von Ihnen werden sich eventuell schon gewundert haben, dass es Bücher wie dieses gibt, und vielleicht sind Sie der Meinung, dass es bereits nach den beiden ersten Kapiteln genug war ...

Schach übt seit Jahrhunderten eine hohe Anziehungskraft aus, die in den großen Auseinandersetzungen zwischen dem Westen und der Sowjetunion im kalten Krieg einen ihrer Höhepunkte erfuhr. Schach galt zu dieser Zeit als Beweis der intellektuellen Überlegenheit eines Systems. Will man diese Überlegenheit beweisen, muss man gewinnen. Will man gewinnen, muss man mehr über das Spiel erfahren, um einen Vorteil gegenüber dem Gegner zu haben.

Doch auch schon vor dem kalten Krieg war Schach mit dem Gedanken des Wettkampfs verbunden, es gab Turniere und Preisgelder wurden gezahlt – sie spornen uns Menschen immer wieder dazu an, besser zu werden.

Seit einigen Jahren, in denen Spieler wie Garry Kasparov und Bobby Fischer die Bekanntheit von Schach steigerten, ist nun Magnus Carlsen auf der großen Bühne erschienen. Meine erste Erinnerung an Magnus Carlsen geht in das Jahr 2000 zurück, als ich mein erstes Schachturnier in Gausdal, Norwegen, spielte. Im B-Turnier, ich hatte 0 aus 4 oder 5 und spielte dann gegen einen Gleichaltrigen. Die Partie habe ich immer noch bei mir zu Hause. Dieses norwegische Kind, damals noch in Gummistiefeln unterwegs, ist nun (Stand Juni 2014) Weltmeister, Weltranglistenerster und G-Star-Model. Er trifft Mark Zuckerberg und schlägt in einer TV-Show Bill Gates in wenigen Sekunden. Ein Segen für den Schachsport, in den dank Carlsen wieder mehr Geld investiert wird.

Womit kann man also im Schach sein Geld verdienen? Den einen Weg halten Sie gerade in den Händen: Mit Büchern! Am Beliebtesten sind Eröffnungsbücher, da man die Eröffnung am besten studieren kann. Aber auch zum Thema Mittelspiel und Endspiel gibt es tausende Bücher. Hinzu kommen Bücher über Turniere, Weltmeisterschaften und Spieler.

Der nächste Punkt, mit dem viele Schachspieler ihren Lebensunterhalt bestreiten, mich eingeschlossen, ist das Schachtraining. Diese Arbeit macht unheimlich viel Spaß, denn es ist ein tolles Gefühl, wenn die viele Arbeit sich lohnt. Man begleitet die Jugendlichen auf ihrem Weg. Man hat nicht nur Einfluss auf ihre schachliche Entwicklung, sondern ist im optimalen Fall auch ein Vertrauter.

In die gleiche Kategorie fallen die Schachschulen, sie bieten Seminare für Gruppen an. Davon halte ich sehr viel, das sage ich nicht nur, weil ich inzwischen Geschäftsführer der Schachschule Hamburg bin, sondern weil Schachschulen den sozialen und kommunikativen Aspekt von Schach betonen.

Dann gibt es natürlich noch Schachturniere. Ich habe bereits versucht auf beiden Seiten Geld zu verdienen: Als Organisator und als Spieler. Als Spieler muss man feststellen, dass es ein hartes Brot ist, durch Turniere seinen Lebensunterhalt zu bestreiten. Preisgelder sind niedrig und viele gute Spieler kämpfen um die wenigen Preise. Man sagt, dass nur ungefähr 100 Spieler in der Welt vom Spielen leben können. Viel verdient man als Organisator nicht, Schach ohne Turniere wäre aber nichts! Deshalb ist es für mich eine Art der schachlich-sozialen Verantwortung, dafür zu sorgen, dass die Schachlandschaft aktiv bleibt.

Die meisten Profispieler verdienen einen Großteil ihres Geldes mit dem Ligabetrieb. Denn im Schach, anders als bei vielen anderen Sportarten, kann man in jedem Land für einen Verein spielen. Das bedeutet, viele Großmeister spielen für mehrere Vereine, um das entsprechende Geld zu verdienen.

Man kann es auch im großen Stil versuchen. In Hamburg gibt es zwei große Schachfirmen. Der Marktführer Chessbase hat mit dem gleichnamigen Produkt eine Plattform, die man bei jedem Schachspieler auf dem Computer findet. Zum verwalten von Partien und analysieren ist dieses Programm optimal! Chessbase nimmt außerdem mit führenden Schachspielern und Trainern auch Lehr-DVDs auf. Daneben gibt es Chess24. Auch diese Plattform produziert Lehrmaterialien, macht hervorragende Schach-Livekommentierung und versucht die Vormachtstellung von Chessbase zu brechen. Es gibt aber auch kleinere Anbieter, wie www.schach-seminare.eu, für die ich gelegentlich arbeite.

Das ist die kommerzielle Seite des Schachsports. Die tragende Säule ist jedoch die Vereinsstruktur, die in jedem Land Europas mehr oder weniger existent ist. In Deutschland gibt es ungefähr 90 000 organisierte Schachspieler, ein negativer Rekord der letzten Jahre, vor allem wenn man beachtet, wie viele Menschen grundsätzlich die Schachregeln beherrschen. Allerdings gibt es Vereine, wie den Hamburger SK, die in den letzten Jahren fast eine Verdoppelung der Mitglieder vorweisen können. Vielleicht müssen sich Schachvereine auch mehr auf neue Mitglieder einstellen und interessante Angebote unterbreiten. Der Deutsche Schachbund (DSB) tut viel dafür, Schach im Verein wieder attraktiver zu machen.

Das war ein kleiner Einblick in die Schachwelt. Ich wünsche Ihnen viel Spaß beim Schachspiel!

LÖSUNGEN

Gabel

Aufgabe 1 1.Se 6+ Angriff auf Dame und König.

Aufgabe 2 1.Sd 6 Angriff auf Dame und Turm.

Aufgabe 3 1.Sf 6+ Angriff auf König und Läufer.

Aufgabe 4 1.Sb 5 Angriff auf Bauer a7 und Bauer d6.

Aufgabe 5 1.Sd 4 Angriff auf Turm und Läufer.

Aufgabe 6 1.Sd 4 Angriff auf Turm und Dame.

Spieß

Aufgabe 7 1.Ld3 spießt die beiden Türme auf.

Aufgabe 8 1.Tc8 spießt Läufer und Springer auf.

Aufgabe 9 1.Lb3 spießt Turm und Dame auf.

Aufgabe 10 1.Ta8+ spießt König und Turm auf.

Aufgabe 11 1.Lc3 spießt Dame und Läufer auf.

Aufgabe 12 1.La3 spießt Turm und Springer auf.

Doppelangriff

Aufgabe 13 1.Dc2+ greift König und Turm an.

Aufgabe 14 1.Dd6+ greift König und Turm an.

Aufgabe 15 1.Txg5+ greift König und Läufer an.

Aufgabe 16 1.Txf3+ greift König und Dame an.

Aufgabe 17 1.Sf 6+ greift König und Dame an.

Aufgabe 18 1.Ld5+ greift König und Springer an.

Abzugsangriff

Aufgabe 19 1.Te7+ gibt Schach und der Läufer greift die Dame an

Aufgabe 20 1.Sc 6+ Der Läufer gibt Schach und der Springer greift die Dame an.

Aufgabe 21 1.Lb7+ Der König gibt Schach, der Läufer greift den Springer an.

Aufgabe 22 1.e5+ Der Läufer gibt Schach und der Bauer greift den Turm an.

Aufgabe 23 1.f5+ Der Turm gibt Schach und der Bauer greift die Dame an.

Aufgabe 24 1.Sc 6+ Der Läufer gibt Schach und der Springer greift die Dame an.

Fesselung

Aufgabe 25 1.Ta8 Die Dame ist an den König gefesselt.

Aufgabe 26 1.Lb2 Der Springer ist an den König gefesselt.

Aufgabe 27 1.Te3 Die Dame ist an den König gefesselt.

Aufgabe 28 1.Tc6 Der Springer ist an den König gefesselt.

Aufgabe 29 1.Ld3 Der Turm ist an den König gefesselt.

Aufgabe 30 1.Td7 Die Dame ist an den König gefesselt und der weiße Turm vom Springer beschützt.

Bibliografische Information der Deutschen Nationalbibliothek
Die Deutsche Nationalbibliothek verzeichnet diese Publikation in der Deutschen Nationalbibliografie; detaillierte bibliografische Daten sind im Internet über https://dnb.de abrufbar.

ISBN 978-3-86910-209-2 (Print)
ISBN 978-3-86910-254-2 (PDF)
ISBN 978-3-86910-253-5 (EPUB)

Der Autor: Jonathan Carlstedt ist internationaler Meister, Fide-Instruktor und B-Trainer des Deutschen Schachbundes. Er ist im Team des Landesligisten SV Diagonale Harburg und spielte u. a. in Moskau, Dubai und Vietnam. Mit 20 hat er ein Buch über seine bevorzugte Eröffnungsstrategie geschrieben: „1. c4 – Die Englische Eröffnung". Nach dem Abitur begann er mit dem Aufbau einer Schachschule, um die Faszination des Schachspiels weiter zu verbreiten. Er schreibt regelmäßig für die Schach-Zeitung und hat 2013 für SPIEGEL-Online über die Schach-WM berichtet. Seit März 2014 ist er Geschäftsführer der Schachschule Hamburg.

3. Auflage

Die Ratgebermarke der Schlütersche Fachmedien GmbH
Hans-Böckler-Allee 7, 30173 Hannover
www.schluetersche.de
www.humboldt.de

Lektorat: Eckhard Schwettmann, Gernsbach
Layout: Sehfeld, Hamburg
Covergestaltung: Kerker + Baum Büro für Gestaltung, Hannover
Coverfoto: © Jed Share and Kaoru/Corbis
Satz: PER MEDIEN & MARKETING GmbH, Braunschweig
Druck und Bindung: FINIDR, s.r.o., Český Těšín, Tschechische Republik